Texte détérioré — reliure défectueuse

NF Z 43-120-11

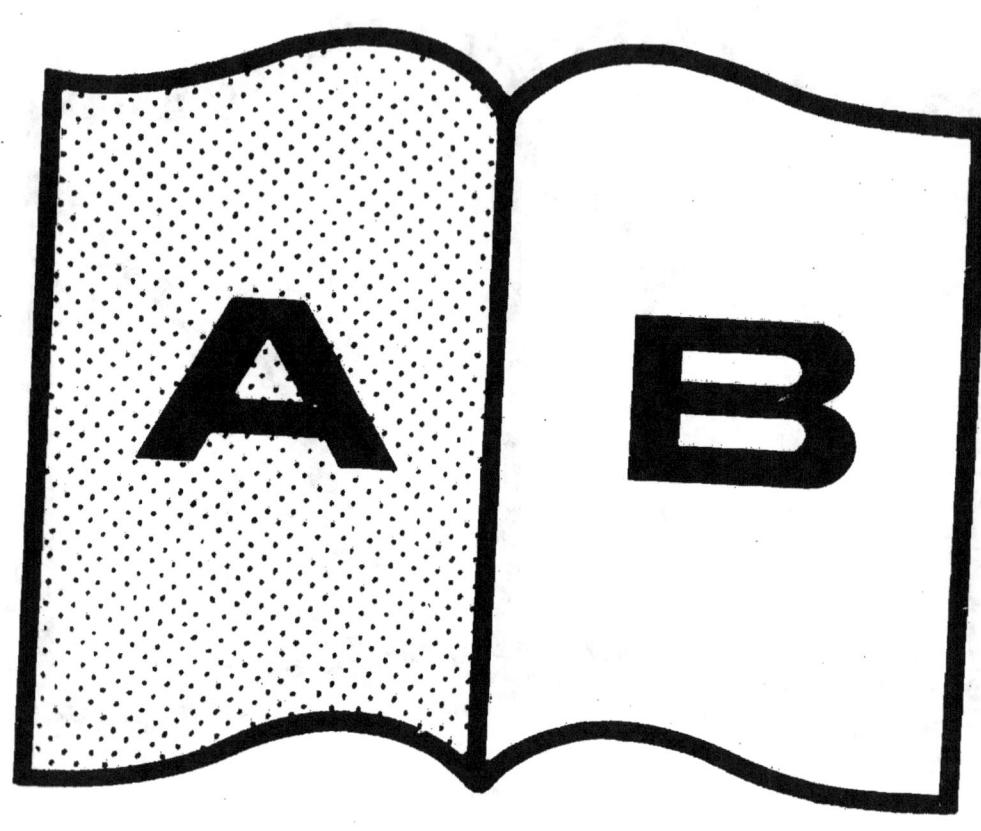

Contraste insuffisant
NF Z 43-120-14

ÉTUDES
THÉORIQUES ET PRATIQUES
SUR LE
BEAU PITTORESQUE
DANS LES ARTS DU DESSIN

PAR

J.-B. LAURENS

TROISIÈME ÉDITION
Ouvrage accompagné de 38 Planches dessinées sur pierre par l'Auteur.

Segnius irritant animos demissa per aurem
Quam quæ sunt oculis subjecta fidelibus
HORATIUS ; *Ars poetica.*

PARIS
CHEZ Vve MOREL ET Cie, ÉDITEURS
13 — Rue Bonaparte — 13
1874

ÉTUDES
THÉORIQUES ET PRATIQUES
SUR LE
BEAU PITTORESQUE
DANS LES ARTS DU DESSIN

PAR

J.-B. LAURENS

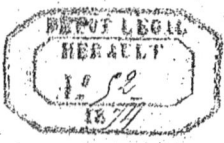

TROISIÈME ÉDITION

Ouvrage accompagné de 38 Planches dessinées sur pierre par l'Auteur.

Segniùs irritant animos demissa per aurem
Quam quæ sunt oculis subjecta fidelibus
HORATIUS ; *Ars poetica*.

PARIS
CHEZ Vᵛᵉ MOREL ET Cⁱᵉ, ÉDITEURS
13 — Rue Bonaparte — 13
1874

ÉTUDES THÉORIQUES ET PRATIQUES

SUR LE

BEAU PITTORESQUE

MONTPELLIER
TYPOGRAPHIE ET LITHOGRAPHIE DE BOEHM & FILS.
IMPRIMEURS DE L'ACADÉMIE DES SCIENCES ET LETTRES
ÉDITEURS DU MONTPELLIER MÉDICAL.

ÉTUDES
THÉORIQUES ET PRATIQUES
SUR LE
BEAU PITTORESQUE
DANS LES ARTS DU DESSIN

PAR

J.-B. LAURENS

TROISIÈME ÉDITION

Ouvrage accompagné de 38 Planches dessinées sur pierre par l'Auteur.

Segnius irritant animos demissa per aurem
Quam quæ sunt oculis subjecta fidelibus.
HORATIUS; *Ars poetica.*

PARIS
CHEZ Vᵛᵉ MOREL ET Cⁱᵉ, ÉDITEURS
13 — Rue Bonaparte — 13
1874

PRÉFACE

Une condition nécessaire à l'intelligence d'un livre est, en commençant sa lecture, d'en bien connaître la nature et le but. Or, comme le titre est souvent insuffisant pour donner cette notion, nous voulons prévenir ici que le présent ouvrage n'est pas, comme tant d'autres ayant un titre semblable, le travail d'un philosophe ni d'un littérateur simple ami de l'art. Les nombreux dessins qui accompagnent nos paroles prouvent au contraire, au premier coup d'œil, que le crayon est l'instrument qui nous sert habituellement à exprimer nos pensées, et c'est en tenant cet instrument en main pendant de longues années, en société des Maîtres, devant les œuvres de ceux du passé et constamment devant la nature, que nos réflexions nous ont fait connaître les conditions de la beauté pittoresque.

Cette beauté, moyen ou but des arts du dessin, dépend nécessairement des rapports de lignes, de tons et de couleurs, comme dans l'art musical le charme de la mélodie et de l'harmonie dépend des rapports de sons. Dans cet art, les lois de ces rapports, étudiées de tout temps, sont connues et consignées dans une foule de traités d'harmonie et de contrepoint, tandis que pour la peinture aucun livre ne présente quelques principes, qui seraient cependant indispensables pour montrer au moins aux élèves la route qu'ils doivent suivre. Aussi, pendant que le musicien instruit dans la théorie de son art, écrit ses compositions avec confiance, sans tâtonnements et sans essais, pour s'assurer par l'ouïe de la justesse des accords qu'il choisit dans sa pensée, le peintre trace légèrement en forme d'essai avec du fusain ses idées, afin de juger par la vue si le rapprochement de telle forme avec telle autre, ou de telle couleur avec d'autres, ne déplaît pas à son œil, dépourvu qu'il est de principes qui établissent *à priori* la bonté ou la défectuosité de certaines relations de lignes ou de tons.

Ce code de principes donc, qui n'existe pas encore pour les arts du dessin, est ce que nous avons eu pour but de former par le travail qu'on va connaître. Notre livre n'a pas la prétention de donner du génie à personne, ni de trancher des questions d'école, de style, de réalisme ou d'idéalisme ; c'est une simple grammaire dont les règles sont applicables à tous les styles, à tous les genres, à toutes les écoles, et nous le croyons très-utile pour faire connaître par quels moyens il faut chercher le but.

Les Maîtres peuvent donc n'avoir rien à apprendre de nous ; mais les élèves, si longtemps occupés de l'imitation des lignes et des proportions, sans en comprendre l'harmonie ni l'esprit, c'est-à-dire travaillant devant leur modèle comme de simples calligraphes copiant de l'hébreu, apprendront, en nous lisant, à reconnaître la valeur et l'esprit de ce modèle. Enfin, hors des élèves du métier, dans le monde où l'on aime l'art comme charme de la vie et comme noble exercice de nos facultés intellectuelles, notre livre ne peut manquer d'être lu avec intérêt et avec utilité, parce qu'il offrira un aliment piquant pour cet exercice de l'intelligence, et, en dernier résultat, des principes certains, un vrai critérium pour juger sainement, sinon de l'art en général, au moins de sa partie pittoresque.

N'ayant eu aucun modèle à pouvoir consulter pour nous guider dans le plan de notre travail, nous avons discuté et présenté nos recherches dans l'ordre qui nous a paru le plus naturel. Nous avons parlé avec conviction et avec sincérité, mais sans aucune prétention à l'infaillibilité ; aussi recevrons-nous avec reconnaissance toutes les observations qui pourraient nous rendre capable de faire mieux une autre fois.

TABLE DES MATIÈRES

Chapitre premier. De la Forme. 1

    § 2. — Considérations générales; Définitions............. 1

    § 3. — Variété...................................... 5

    § 4. — Analogie..................................... 10

    § 5. — Des progressions de dimension................. 25

    § 6. — Des Convenances et du Sens; Symétrie......... 30

Chapitre II. — Du Clair-obscur............................ 37

Chapitre III. — De la Couleur............................. 45

Chapitre IV. — La Nature, l'Art, l'Idéal, le Style............. 57

Chapitre V. — La Composition............................ 78

Chapitre VI. — Analyses et jugements d'après les principes établis dans ce livre............................ 85

ÉTUDES THÉORIQUES ET PRATIQUES

SUR LE

BEAU PITTORESQUE

DANS LES ARTS DU DESSIN

CHAPITRE PREMIER

DE LA FORME

§ I. CONSIDÉRATIONS GÉNÉRALES. — DÉFINITIONS.

Par les sens et par la pensée, nous sommes en rapport avec tout ce qui nous entoure. L'univers entier semble avoir été créé pour l'homme, et l'homme semble avoir été créé pour en comprendre la grandeur, la variété et la beauté infinies. D'un côté, le goût, l'odorat, le toucher, lui sont des stimulants et des guides pour répondre à ses instincts de conservation de son individu et de reproduction de son espèce. D'un autre côté, par le sens de l'ouïe, ce sens agirait-il seul, il peut connaître la nature de bien des choses et de bien des faits importants à sa vie, utiles au seul point de vue de sa conservation; mais les sons que nous entendons peuvent, en dehors de toute considération d'utilité, nous donner des sensations agréables ou désagréables. Ainsi, le chant de l'alouette matinale ou du rossignol affecte notre oreille d'une manière bien différente que le rugissement du lion ou le grondement du tonnerre, mais bien plus encore les sons choisis, classés, suivis dans des combinaisons et des rhythmes variés, constituent cet art idéal, sublime, qu'on appelle la *Musique*, cet art qui dans l'antiquité émouvait malgré et peut-être par sa simplicité, et qui plus tard, aux temps modernes, charme, ravit le cœur, en étonnant l'esprit par la science qui sert de règle à cet art.

Eh bien! ce que nous disons des sensations perçues par le sens de l'ouïe s'applique d'une manière parfaitement analogue aux sensations que nous recevons par le sens de la vue. En effet, en même temps que l'aspect des objets peut nous faire connaître leur nature et leur valeur sous le rapport purement utilitaire, cet aspect peut nous affecter d'une manière très-différente et très-indépendante de ce rapport, en éveillant en nous des sensations qui sont le but et le résultat d'un art immense et puissant.

Pour preuve de cette variété d'impressions produites par les formes, par les couleurs et par les accidents de lumière qui les rendent visibles, on pourrait énumérer tous les corps et tous les effets accidentels de la nature, depuis le diamant hyalin jusqu'au noir basalte, depuis la petite fleur des champs jusqu'au chêne robuste, depuis le vif et brillant colibri jusqu'au lourd hippopotame, depuis le singe jusqu'à la vierge de quinze ans, depuis la clarté pure et calme d'une belle matinée jusqu'aux noirs effets de la tempête, etc.: tout, en un mot, ce qui a forme et couleur a un retentissement dans notre âme; et par des choix et des combinaisons particulières, ce qui affecte notre vue constitue l'élément de ce grand art dont la première condition doit être ce qu'on appelle la *beauté pittoresque*. Cette susceptibilité d'impressions par les formes et par les couleurs est donc le *fait physiologique* qui sert de fondement à l'art, dans le dessin, dans la peinture, dans l'architecture, dans la sculpture, dans l'ornementation, dans la céramique, dans tout ce que l'on comprend sous la dénomination d'*arts du dessin*.

Pour l'art musical, les bonnes relations des sons ont été trouvées, et des règles précises sont formulées dans les *Solféges*, dans les *Traités d'harmonie* et dans les *Traités de contrepoint*. Il n'en est pas de même pour les arts du dessin: les formes, les effets et les couleurs de la nature posent devant le peintre comme un clavier d'orgue, par exemple, pose devant le musicien; mais celui-là n'est point préalablement instruit sur des lois certaines des relations des formes et des couleurs, il n'a pas commencé son éducation spéciale par l'étude d'un Code de principes analogue à un *Traité d'harmonie*. A moins qu'il n'ait étudié dans quelque atelier de maître où s'exposent verbalement différents préceptes, il n'est devant la nature que comme serait une personne non musicienne devant le clavier d'orgue.

Il n'est guère préoccupé d'autre pensée que de l'imitation de ce qu'il voit; il croit que c'est là le but de ses études; il n'a que son instinct et son goût pour choisir et combiner, et Dieu sait quelles difficultés il rencontrera s'il veut aller au-delà et faire ainsi œuvre d'art; il cherchera sans doute à s'instruire et à se diriger par la lecture des livres nombreux qui ont été écrits sur l'esthétique; mais ces livres ne sont pas des livres élémentaires. Ceux provenant d'artistes pratiquants, tels que Léonard de Vinci, Raphaël Mengs, Reynolds, Harding, contiennent certainement de bons préceptes, mais ils constituent plutôt ce qu'on peut appeler la rhétorique ou la poétique de l'art, que sa grammaire, et ses préceptes ne sont pas présentés dans un enchaînement méthodique et progressif. Les autres écrits plus nombreux sont ceux des philosophes ou des critiques : ils ont pour sujet le *Beau*, c'est-à-dire un sujet indéterminé, mal défini. L'élève artiste n'a rien à apprendre par la lecture de ces livres; il ne devra s'en occuper que lorsqu'il ne sera plus élève.

Ce que doit se demander l'élève, c'est ceci : S'il y a des relations ou des combinaisons de forme et de couleur qui produisent le *Beau pittoresque*, quelles en sont les lois? Or, la recherche de ces lois, tel est l'objet de ces études, et nous allons les commencer en mettant sous nos yeux les quatre premières Planches, sur chacune desquelles nous verrons au premier coup d'œil deux séries offrant parallèlement la représentation d'objets identiques ou analogues.

§ II. VARIÉTÉ.

Il n'est pas nécessaire d'être doué d'une grande intelligence de la valeur pittoresque de la forme pour reconnaître que dans la série de gauche les images sont laides ou insignifiantes, tandis que dans celle de droite les mêmes objets se présentent sous un aspect plus agréable. Devant ce fait, il faut nécessairement conclure qu'il y a une cause commune qui rend laides ou belles toutes les images du côté gauche, et avec un peu d'attention il sera facile de s'assurer que cette cause ne saurait être ni la nature, ni la valeur, ni l'utilité, ni la grandeur, ni la petitesse des objets représentés, ni le mérite de leur exécution. Procédant alors, comme l'on dit, par méthode d'exclusion, nous chercherons ailleurs cette cause commune, et nous trouverons la *variété* dans la relation des contours comme cause de beauté pittoresque. Partant des formes les plus simples, nous trouverons cela démontré par les trois lignes tracées à distances inégales en haut de la Pl. I et par les assises de pierre du socle figuré sur la Pl. II.

Si le triangle scalène, le rectangle allongé, l'ovoïde, sont plus agréables que le triangle équilatéral, le carré et le cercle mis en regard Pl. I, c'est qu'ils sont formés d'éléments variés. Cette supériorité de valeur de l'ovoïde sur le cercle se manifeste dans la tête humaine (voir Pl. IV).

Les objets d'architecture, de végétation, de costume, de figures humaines, démontrent par le même moyen de comparaison entre les deux séries que la cause de la supériorité pittoresque de l'une d'elles est constamment la *variété* dans les éléments ou dans les parties qui composent l'ensemble de la forme, sans qu'il soit nécessaire d'employer la mise en parallèle de sujets sans valeur ; si l'on veut examiner les sujets figurés sur les Planches suivant jusqu'à la XIIe, on reconnaîtra facilement que leur mérite pittoresque provient de la même cause, de la *variété*.

La conséquence nécessaire de ce principe est donc que la répétition des mêmes lignes, des mêmes contours, que les symétries aussi, sont contraires à la beauté pittoresque.

Oui, c'est la *variété* qui nous charme. Nous la voulons là même où certaines nécessités d'ordre, de commodité et d'utilité exigent plus ou moins la symétrie : témoin la disposition de nos maisons d'habitation (voir Pl. X, XI et XII); témoin nos tables, nos glaces, les cadres des tableaux, qui présentent des rectangles, des ovales plus ou moins allongés et non des carrés ou des cercles.

Nous aimons la variété dans les plis de nos vêtements et dans tout ce superflu nécessaire constitué par les objets d'ornementation. Elle est partout dans l'univers : en haut dans la disposition et dans la lumière des astres, dans les nuages, et sur la terre dans la silhouette des montagnes, dans la forme si diverse de toutes les espèces du règne minéral, du règne végétal et du règne animal, dans lequel nous pouvons placer l'Homme, sans crainte d'effaroucher des suceptibilités religieuses ou philosophiques, puisqu'il ne s'agit ici que de forme matérielle.

Après le peu que nous avons exposé avec la plume et avec le crayon pour démontrer qu'il existe un Beau pittoresque indépendant de toute autre source autre que celle de notre sensibilité à certains rapports des parties d'une forme, nous voudrions pouvoir faire passer sous les yeux du lecteur les beaux ouvrages illustrés par les images des monuments d'architecture des divers pays et des divers âges, par les œuvres des grands maîtres de l'art, tant dans les divers genres de peinture que dans la sculpture; mais un tel désir est hors de nos moyens d'y satisfaire.

Si Léonard de Vinci, recommandant sans doute d'observer beaucoup d'autres choses, recommandait nommément l'observation des taches et des croûtes sur les vieilles murailles, aujourd'hui le vieux maître n'aurait certainement pas manqué d'appeler l'attention sur la photographie comme moyen d'enseignement.

Parmi tout ce qui mérite d'intéresser l'artiste, il convient de bien recommander aussi l'observation des costumes des différents pays et des différentes classes de la société, surtout chez le sexe féminin; car si les femmes n'analysent pas beaucoup l'effet de leur parure, si elles ne font pas des systèmes, si surtout elles ne les écrivent pas, elles sont dans un état permanent de méditation sur la couleur d'un ruban, sur la disposition de leur chevelure, sur les plis à donner à un châle, sur la longueur ou l'ampleur d'une manche: bref, elles savent ce que valent la couleur et la forme du moindre colifichet dans l'effet que tout cela produit. Aussi, mieux que toutes les exhibitions d'ouvrages illustrés, de monuments ou de chefs-d'œuvre de l'art, la vue seule d'une belle personne proclamera, d'une manière éclatante, la toute-puissance de la forme, du ton et de la couleur. C'est la variété dans ces attributs qui peut seule donner l'explication de la supériorité de beauté pittoresque établie par comparaison dans les premières quatre Planches; c'est elle qui grandit le mérite de tout ce qui s'appelle parure, ornement et beauté, dans la plupart des acceptions reçues de ce mot. S'il fallait certes énumérer tout ce qui peut servir d'utile à observer, tout ce qui peut fournir matière à études et matière à œuvres d'art, la liste serait bien longue : le monde qui passe dans la rue, les enfants qui s'y livrent à des jeux pleins de grâce, les écoles de natation, les danses, les chantiers de travail, les offices religieux, les animaux à la campagne ou à la ville, la vie de l'homme sur la mer ou sur les rivières, les femmes à la fontaine, l'eau tranquille, agitée en vagues ou tombant en cascades, le nuage qui passe et qui jette sur le sol des *ombres portées* d'un si grand effet, l'intérieur des rues et des maisons dans lequel arrivent des effets de lumière les plus piquants, les devantures des magasins d'étoffes en rapport si direct avec la question du costume, etc., etc., etc. C'est aussi pour cela que les artistes ont la bonne précaution d'être munis d'un album de poche pour noter par un croquis, quelque léger qu'il soit, tout ce que le hasard fait passer devant leurs yeux. C'est ce hasard qui même quelquefois a fait trouver les plus heureux sujets de tableau ou de statue.

Pour que les conséquences déduites de nos observations reçoivent encore une démonstration particulière, nous aurons recours à la forme et à la disposition des caractères et des mots qui expriment ces conséquences. En ouvrant un des innombrables livres qui passent journellement sous nos yeux, on ne peut manquer de comprendre, à la vue de leur titre, que le typographe est et doit être un artiste. Son art tombe en effet dans le domaine de nos théories et de nos critiques, car il cherche à produire une beauté pittoresque lorsqu'il choisit la forme de ses caractères, lorsqu'il dispose ses lignes, lorsqu'il les entoure d'un filet ou d'une arabesque. Plus tard, lorsque nous aurons exposé suffisamment notre doctrine, nous reviendrons sur la petite composition typographique donnée ci-après, et nous en présenterons d'autres pour faire sentir l'utilité et les applications de nos idées. Pour le moment, nous n'avons encore rien à critiquer, et nous ne voulons que répéter les paroles que nous présentons comme un axiome fondamental des arts du dessin, savoir :

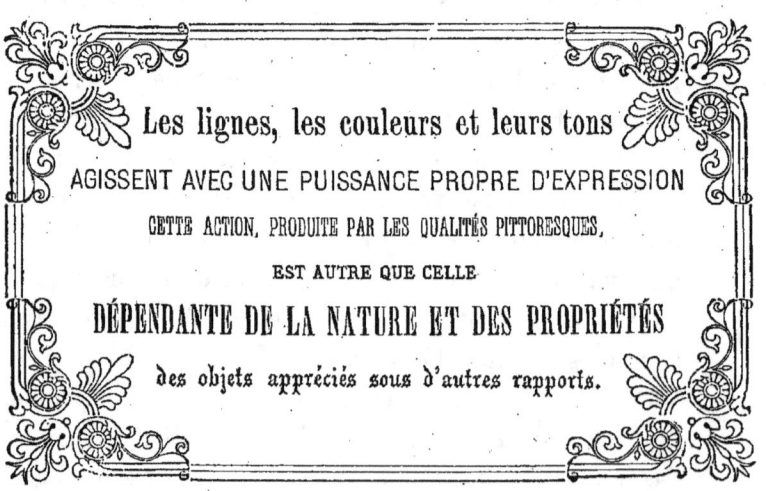

§ II. ANALOGIE.

Mais, si tout ce qui est pittoresquement beau dans sa forme nous présente constamment la variété dans l'inflexion et dans les longueurs des lignes qui déterminent cette forme, il ne faut pas pour cela conclure que la *variété*, sans autre condition, soit une qualité suffisante pour produire le Beau. Certes, si elle suffisait, le rapprochement fortuit d'objets quelconques produirait la sensation du Beau, pourvu que ces objets fussent divers. Les monstruosités dans l'organisation seraient le plus haut degré de la beauté : une façade de palais dont toutes les fenêtres, d'inégale dimension, seraient percées sans ordre ni symétrie, serait superbe ; un paysage qui nous offrirait un groupe formé d'un cyprès, d'un saule-pleureur, d'un chêne, d'un pin et d'un bouleau, nous charmerait beaucoup plus que celui qui nous représente un groupe d'arbres d'une même espèce ; en d'autres termes, qu'une forêt de chênes, ou de hêtres, ou de pins[1]. Il faut donc, de toute nécessité, qu'il y ait d'autres conditions du Beau pittoresque que celle de la variété seule. Tous les philosophes, tous les artistes, tous les rhéteurs, ont reconnu et proclamé de tout temps que l'*unité*

---

[1] Voir sur la Pl. IX.

devait exister dans toute œuvre d'art, qu'elle en était la condition et le secret des chefs-d'œuvre.

Denique sit quodvis simplex duntaxat, et unum. (Hor.)

Or, il est évident que la *variété* seule serait la négation de ce précepte indéniable. Il y a nécessairement une autre condition à ajouter à celle de la variété, et cette condition, nous pourrions la faire apprécier par le même moyen de comparaison de deux séries de figures, l'une bonne, l'autre mauvaise, ainsi que nous l'avons fait par nos quatre premières Planches, et il ressortirait de la comparaison que la condition de l'unité produisant la beauté pittoresque est l'*analogie*. Mais ce moyen, qui nous prendrait assez de notre espace limité, nous le considérons comme superflu. Au reste, d'ici à la fin de ce travail, l'analyse de nombreux sujets constatera la vérité du principe d'*analogie*.

En me servant de ce mot, nous entendons ce que les Grecs appelaient Ἀναλογία, c'est-à-dire certaines proportions, certaines relations de direction et de forme de lignes, et, mieux encore, certaines ressemblances dans des objets divers ou dans diverses parties d'un même objet. Pour les artistes grecs, ce mot d'analogie avait un sens et une valeur bien plus étendus que chez nous. «L'analogie était, selon eux, une des plus grandes »découvertes transportées par Pythagore. L'analogie était la »clef des proportions harmoniques en architecture, en musi- »que, en peinture, en sculpture, etc. C'était une espèce de se- »cret que les Grecs ne communiquèrent jamais aux Romains.» Pas plus que les Romains de l'antiquité, les modernes n'ont connu ni raisonné ce précepte. Ils l'ont cependant souvent mis en pratique par instinct, pour obtenir l'unité, dont ils n'ont pas ignoré la nécessité, et à laquelle ils sont arrivés avec le plus grand bonheur, quoique moins complètement peut-être que les anciens Grecs. Pythagore a bien raison de parler de la musique, car, pour peu que l'on soit capable d'analyser ce qui frappe notre oreille, on sentira que la suite et la fin d'une phrase musicale sont liées par analogie avec le commencement. L'œil même jeté sur une partition sentira, par la disposition des notes différemment groupées, l'existence de cette analogie.

Étudions donc avec attention l'analogie, et tâchons de découvrir le secret de ces anciens Grecs.

Afin de donner à nos explications toute la clarté possible, parlons aux yeux. Ainsi, jetons sur une table plusieurs cartes à jouer: ces cartes se diviseront, se superposeront, et leurs contours rectilignes et rectangulaires produiront une assez grande variété de formes : triangles, carrés, rectangles, trapèzes, polygones, qui offriront entre eux beaucoup de différence, et cependant il y aura une certaine ressemblance ou *analogie* entre toutes ces formes engendrées par la ligne droite (Voy. Pl. V, fig. 1). Répandons ensuite des pièces de monnaie: il se produira aussi, par la superposition et par la disposition de ces pièces, une grande variété de formes, dont le cercle sera toujours le générateur ; dans cette *variété*, il y aura encore *analogie* (Voy. fig. 2), et cette analogie produit l'*unité* dans les formes que présentent les deux premières figures. Si nous plaçons ensuite une carte à côté d'une pièce de monnaie, comme dans la fig. 3, il y aura *variété sans analogie*, et partant point d'*unité*. Mais avec les mêmes éléments on peut produire une *variété* plus admissible (Voy. fig. 4). Ici, la symétrie est détruite et la forme circulaire de la pièce de monnaie semble partagée par la carte qui la supporte. Cette combinaison est donc moins mauvaise.

Attendu que l'art ne peut se borner à la représentation d'une seule nature d'objets, c'est-à-dire que dans un paysage, par exemple, il convient très-souvent, par la nature du sujet, d'introduire des figures et des fabriques à côté des arbres ou des rochers, il arrive alors qu'en employant beaucoup de moyens de *variété*, on perd ceux d'*unité*. Ce n'est pas ici le moment d'exposer longuement le remède à cet inconvénient; qu'il nous suffise de faire observer qu'il se présente dans ce cas ce que nous nommerons des analogies multiples. Nos cartes, nos fiches et nos jetons, mêlés comme les représentent nos figures 5 et 6, sont l'expression de ces analogies multiples; plus précisément ces figures expriment une analogie double : l'une entre les formes rectangulaires, l'autre entre les formes circulaires. C'est comme corollaire et comme application des principes que nous venons d'exposer sur l'*analogie*, qu'on prescrit, dans la composition pittoresque, de ne jamais placer une forme seule sans qu'il y ait ce qu'on peut appeler son écho, c'est-à-dire son *analogue*. Ce précepte est exprimé nettement dans les excellents discours de Josua Reynolds. Il est connu et recommandé dans tous les ateliers de maîtres.

Si l'on sent bien la signification de ces figures, on verra qu'elles sont pour ainsi dire la *formule* du Beau pittoresque.

Cette formule est partout dans la nature, et la *variété avec unité* est le cachet de toutes ses œuvres.

A l'artiste, qui doit être par instinct et par nécessité un observateur permanent de la nature, nous dirons :

Voyez ce groupe de cristaux formés dans la fente d'un rocher; examinez les cavernes, les stratifications ou les masses des diverses roches; regardez les nuages qui s'amoncellent en cumulus; approchez-vous d'un rameau, et considérez avec quelle variété ses feuilles se recouvrent; observez l'inflorescence d'une plante, la silhouette d'un bel arbre et la disposition de ses branches; voyez les formes de la plupart des animaux; contemplez l'effet du temps sur les vieilles murailles, sur les antiques roches soulevées du sein des mers antédiluviennes : et partout vous trouverez l'unité dans la variété, et par conséquent la beauté dans les œuvres qui sont le résultat des forces et des lois dont l'origine sera un éternel mystère pour l'humanité.

Sous certain point de vue, qui n'est pas celui de l'art, on pourrait objecter, contre ces idées, que la nature produit très souvent la symétrie et la ressemblance dans les parties. En effet, les cristaux d'une même espèce minérale sont bien un assemblage de mêmes cubes, pyramides, prismes ou rhomboïdes; les stratifications de certaines roches sont bien égales en épaisseur et en direction; toutes les feuilles d'un végétal sont de même forme; il n'y a rien de régulier comme la disposition des pétales de la plupart des fleurs; le corps des animaux est souvent considéré comme formé de deux moitiés symétriques; mais ces corps semblables sont présentés par la nature ou par le hasard dans des combinaisons, dans des positions, dans des points de vue si variés, que leur ressemblance, loin d'introduire la monotonie, agit au contraire merveilleusement comme moyen d'unité en fournissant des *analogies*.

Voyez les exemples donnés au côté droit des quatre premières Planches; tous ceux présentés spécialement par la Planche IV et la plupart des figures qui remplissent les Planches suivantes :

Cette Planche VI, remplie par des dessins faits d'après nature, a deux fins : celle d'abord d'offrir sur des objets réels l'application des formules abstraites données sur la Planche V, et, dans l'intention que cette application soit clairement saisie, les figures ont été dessinées dans une position correspondante à celle des formules. Seulement il convient d'observer que le bouquet de liserons présente des analogies multiples plus que doubles ; car les fleurs, les feuilles, les boutons, les pédoncules, les pétales mêmes, tous ces organes si variés entre eux par la forme et par la dimension, offrent des analogies très-heureuses. L'autre fin de la Planche VI est d'illustrer la proposition que nous émettions tout à l'heure : que les objets, semblables dans la nature, se présentent sous des points de vue tellement divers, que cette ressemblance n'empêche nullement la *variété*, et que son effet est d'apporter par l'analogie l'*unité*, cette condition indispensable du Beau. En effet, dans une masse de quartz, tous les cristaux sont bien des pyramides terminant des prismes à six plans ; mais aucun de ces prismes n'est de la même dimension et n'offre une même direction dans ses plans. Le fragment de rocher est bien une stratification formée par des couches parallèles ; mais les forces de la nature ont rongé la pierre ou l'ont brisée, de manière à faire disparaître toute trace de symétrie.

Vers le centre de la Planche est déssinée une feuille de Nelumbium qui ressemble à une coupe, et qui, vue de face, n'offre qu'un cercle insignifiant ; une petite tige de Campanule montre les différents aspects d'une même fleur ; lorsqu'un Lierre enlace les branches effilées d'un Ormeau, ou qu'un Volubilis mêle ses feuilles cordiformes à celles rubanées d'un Roseau, la nature amène des combinaisons ravissantes. Le plumage des Oiseaux, la peau de beaucoup de Mammifères, de Reptiles, de Poissons, une foule de Coquilles, etc., etc., offrent des beautés admirables par leur variété avec analogie. Lorsqu'un terrain s'affaisse, lorsqu'une pierre se brise, lorsqu'un rocher se colore d'oxydes, lorsqu'une muraille se pare de mousses, de lichens ou de plus grande végétation, le même résultat est produit.

Dans les deux plantes Malvacées placées d'une manière correspondante aux formules N°s 3 et 4, Pl. V, on verra, comme dans ces formules, que la combinaison N° 4 est préférable à l'autre.

Nous n'avons figuré sur la Planche VI que deux sujets comme illustration des formules d'analogie double, N°s 5 et 6 : un mélange de feuilles d'Ipoméa s'entrelacent à celles de Roseau, et des Lierres au tronc d'un Ormeau ; mais nous pouvons dire que la plupart des choses pittoresques offertes par la nature et par l'art sont des exemples d'analogie multiple. Dans la campagne, il y a au ciel de grands et de petits nuages; sur le sol, des arbres aux formes arrondies ou élancées, droites ou courbées dans différentes directions; il y a des masses diverses de rochers au lointain, et près de nos pieds il y a des bâtiments de toute espèce; tout cela est varié et tout cela peut se diviser en groupes d'analogie. Dans les figures, les mains ont des analogies dans les pieds; une portion de draperie a son analogie avec une autre portion; dans la construction architecturale, les fenêtres ont des analogies avec les portes. Enfin, quand un objet n'a pas d'analogie dans lui-même, il peut l'avoir dans des objets qui lui sont semblables et qui sont vus ou placés différemment.

Afin que le lecteur puisse avoir, pendant qu'il a ce livre en mains, le moyen et l'occasion d'exercer son esprit à l'analyse si utile des analogies, nous lui offrons pour le moment deux dessins exécutés dans cette intention; mais ces dessins sont significatifs (Voy. Pl. IX).

L'intérieur de forêt, quoique uniquement composé d'arbres, c'est-à-dire d'objets semblables, doit être interprété comme un cas d'analogie double, car les formes rectilignes et maigres des troncs sont des formes bien différentes de celle des masses de feuilles qui sont plus ou moins arrondies. Il y a donc analogie entre les troncs et analogie entre les masses de feuillage.

Au reste, tous les corps visibles nous offrent des moyens d'observer des analogies, soit par leur combinaison, soit en eux-mêmes. Il semble que leur beauté pittoresque croît avec le degré de développement de l'organisation.

Cette opinion physiologique peut n'être pas toujours vraie, mais elle reçoit une éclatante sanction par la contemplation de la nature humaine, car, de toutes les formes qui se sont développées sur notre terre par cet ensemble de forces que nous appelons Dieu, celle qui nous offre le plus parfait exemple de la *variété avec analogie* ou *unité*, c'est le corps de l'homme. Depuis les masses de sa chevelure jusqu'à l'extrémité des pieds, il n'y a pas de région, pas de partie qui n'offre la plus grande Beauté pittoresque. Tous les contours se suivent et se lient, de manière à produire une harmonie ravissante. Quel heureux et parfait contraste entre toutes les parties, entre cette tête ovoïde, ce tronc carré, ces membres allongés! Que de souplesse et de flexuosité dans les lignes qui dessinent les formes! L'homme, qui par son intelligence est la plus grande merveille de la création aux yeux du philosophe, qui étonne l'anatomiste par les détails de son organisation, ravit encore l'artiste par sa beauté. Aussi l'étude du nu est-elle le fondement de l'éducation de l'artiste. C'est par cette étude difficile qu'il développe le sentiment de la beauté et qu'il se rend capable de l'exprimer. Tous les maîtres ont dit, par leur parole et dans leurs œuvres, que l'artiste doit être pénétré de la beauté du corps humain. C'est par le nu que le grand savoir se révèle. Les parures et les vêtements les plus riches, la soie, le velours, l'or et les diamants: tout cela, rendu même par le pinceau d'un Véronèse, n'atteindra jamais la beauté de la Vénus de Praxitèle ou de la Galathée de Raphaël, dessinées au simple trait. Lorsqu'on assiste au spectacle de lutteurs, n'est-on pas étonné que ces beaux hommes ne parlent pas entre eux la langue d'Homère? Et dans un atelier, au moment où le modèle a quitté tous ses vêtements habituels, n'est-on pas pénétré d'admiration devant une beauté dont l'aspect vous transporte dans le monde idéal de l'art?

L'austérité du moyen-âge a voulu jeter, suivant l'expression d'un de nos bons critiques contemporains, un suaire aux plis droits sur le corps humain, sur l'habit que Dieu donna, dit-on, dans le paradis terrestre à sa créature la plus parfaite. Certes, le moyen-âge a produit de grandes choses dans l'art architectural : sa peinture, sa musique, sa sculpture sont empreintes d'un sentiment religieux qui nous pénètre autant que qui que ce soit; mais nous repoussons tout fanatisme exclusif et aveugle, et nous trouvons que, dans leur ignorance du nu, la plupart des artistes du moyen-âge ont outragé la divinité en peignant ou ciselant des membres estropiés, en donnant des têtes et des mains énormes à leurs figures, en faisant de l'espèce humaine des monstres, tandis que Phidias, Praxitèle, Raphaël et Michel-Ange, ces immortels génies que les fanatiques osent insulter en les appelant païens, louent Dieu d'une manière sublime dans leurs figures nues.

Des peintres contemporains, tels que Steinle en Allemagne et Hippolyte Flandrin en France, ont prouvé qu'on pouvait avoir l'âme d'un Fra Angelico et beaucoup d'admiration pour l'art mythologique. Par cette rare réunion de qualités, ils ont produit des œuvres bien supérieures à celles du moyen-âge. Nous ajouterons quelques singulières pensées d'un architecte de l'antiquité à ce que nous avons dit de la beauté du corps humain. Vitruve trouvait cette beauté tellement parfaite et typique, qu'il aurait voulu voir bâtir une ville dont le plan fût analogue à la disposition de la tête, du tronc et des membres de l'homme. Voici, du reste, ses expressions, d'après une traduction du xvie siècle. Il dit au chapitre 1er du livre III.

« Cette symmetrie est engendrée de proportion que les
»Grecz nomment analogie, ἀναλογία. Proportion est vn certain
»rapport et conuenance des membres ou particularitez à toute
»la masse d'vn bastiment; et de ceste là vient à se parfaire la
»conduite d'icelles symmetries.

»Or, n'y a il ne temple n'y autre edifice qui puisse auoir
»grace de bonne structure sans symmetrie et proportion, et
»si la conuenance n'est gardée en toutes ses parties, aussi
»bien qu'en vn corps humain perfectement formé.

»Ce corps humain a esté composé de la nature par vn tel
»artifice que...

(Suivent les mesures des différentes parties du corps.)

»En cas pareil tous les membres ont chacun leurs perfectes
»mesures et proportions, qui ayant esté suyuies par les bons
»peintres et imagiers antiques, leur ont acquis des louanges
»infinies. A ceste cause ie dy que les membres des maisons
»sacrées doyuent auoir en toutes leurs parties vne correspon-
»dance de mesures se rangeant à la totalité de la masse. Si
»donc nature a en telle sorte composé le corps de l'homme,
»à sauoir que tous les membres correspondent par propor-
»tions à sa juste figure, il semble que les antiques n'ont sans
»bonne cause ordonné que pour rendre les ouurages en per-
»fection, toutes les espèces de mesures y estant requises, ayent
»en chacun de leurs membres vne conuenance legitime;
»et pourtant quand ilz enseignoient les ordres qui se doyuent
»suyvre en tous édifices, leur plaisir estoit que cela s'obser-

»uast singulièrement en la structure des temples, ausquelz
»on veoit à perpétuité quelles louenges ou vituperes l'on doit
»donner aux ouuriers qui en ont eu la conduite.

»Ces antiques calculerent sur les membres du corps de
»l'homme les raisons des mesures, lesquelles semblent estre
»necessaires en toutes manières d'ouurages. »

Ajoutons encore une citation:

« Le nu est pour la peinture ce que le contrepoint est pour
»la musique : le fondement de la vraie science; l'étude de la
»forme humaine, absolue et dégagée de tout costume et de
»toute mode transitoires, est seule capable de produire des
»artistes complets. Là est le vrai, le beau, l'éternel; l'ima-
»gination, en quête d'idéal, ne saurait aller plus loin : l'homme
»ne peut donner à son rêve une figure plus parfaite que la
»sienne. Aussi c'est à rendre cette forme, modelée à son image
»par le Créateur, que doivent tendre les efforts et les ambitions
»de l'art sérieux. Le nu implique la draperie qui l'accompagne
»comme la basse accompagne le chant. C'est le vêtement ab-
»strait et que rien ne particularise. La draperie obéit au corps,
»dont elle suit les contours, voilant et dévoilant à propos,
»apportant aux chairs l'appui de ses nuances. Dans la disposi-
»tion de ses masses, dans la conduite et la rupture de ses plis,
»le grand peintre se révèle, car on ne drape avec style que si
»l'on possède une connaissance profonde du nu.» (T. Gautier,
Salon de 1864, 2e article.)

Complétons enfin ces considérations exposées par d'impo-
santes autorités, par une observation d'un simple maître de
dessin, savoir: que la reproduction, la beauté de forme et d'ex-

pression d'une figure est la plus grande difficulté qui s'offre au début comme à la fin de la carrière des artistes. Ils peuvent, sans s'en apercevoir, commettre des incorrections au dessin des arbres, des pierres, des fabriques, des figures habillées; mais ils ne reproduiraient pas la beauté et l'expression de leur modèle, s'ils ne le dessinent pas avec une rigoureuse correction. L'artiste qui aura appris à connaître et à rendre la valeur des courbes qui forment les contours de la forme humaine, saura voir et rendre des formes d'arbres et de rochers que la simple paysagiste ne voit et ne rend pas.

Il a été précédemment bien établi que les moyens de la beauté étaient la *variété avec l'unité* produite par des *analogies*; nous devons ajouter, qu'en gagnant en *variété* on perdait en *unité*, c'est-à-dire que la plus haute qualité de l'art disparaissait à mesure que plus de diversité s'introduisait dans les éléments d'un sujet. Cela veut dire, dans des termes dont nous connaissons maintenant la signification, que les *analogies simples* sont les meilleurs moyens d'*unité*, tandis que les *analogies multiples* doivent nécessairement nuire à ce but. Ces faits sont d'une telle importance, que nous devons nous y arrêter pour quelques instants. On ne saurait trop exercer son goût et son jugement à cet égard, en comparant, par exemple, l'intérieur d'une forêt solitaire, la vue d'une gorge de rochers nus, une mer toute seule, avec des marines et des paysages pleins des accidents variés qu'on y introduit d'habitude; il faudrait aussi comparer un sujet de figures nues avec un sujet de figures brillamment vêtues: un Michel-Ange ou un Raphaël avec un Paul Véronèse. Il est certain que là où se trouve plus d'*unité*, se trouve également la plus grande élévation de style et le plus de force d'expression.

Attendu que tout le monde est à portée de trouver dans la nature, dans les musées et dans les collections de gravures, des sujets pour essayer l'application des pensées que nous venons d'exprimer, nous nous dispenserons de crayonner maintenant beaucoup de Planches pour cet objet. Quelques-unes parmi celles que le lecteur a déjà mises sous ses yeux, nous paraissent suffisantes pour lui faire peser avec justesse la valeur relative de l'*unité* et de la *variété* dans les divers caractères de la Beauté pittoresque.

Nous terminerons à présent ce chapitre comme nous avons terminé le précédent, en empruntant aux diverses écritures un dernier exemple d'application de nos principes. Chaque espèce d'alphabet ou plutôt de caractères présente des proportions diverses de *variété* et d'*unité*; il n'est pas difficile d'y reconnaître des *analogies simples* et des *analogies multiples* : simples, lorsque tous les traits formant les caractères ont une même forme ou une même courbure, comme dans les écritures orientales, arabe, persanne, hébraïque, cunéiforme, chinoise, etc., ou comme dans la gothique allemande, dont chaque lettre est toujours composée de lignes droites brisées, et dans l'anglaise moderne courante, dont chaque lettre est arrondie dans ses contours.

Les caractères grecs et romains, grands et petits, l'écriture dite ronde, présentant des caractères composés de formes tantôt circulaires, tantôt rectilignes, tantôt contournées, sont des exemples d'analogies doubles ou multiples.

Pour bien apprécier ces faits, il faudra feuilleter des livres, en examiner les titres, dont la composition est souvent faite avec beaucoup de goût. Le résultat de toutes les observations qu'on pourra faire à ce sujet, sur les œuvres d'art comme sur celles de la nature, sera la reconnaissance des vérités que nous résumons dans les lignes suivantes :

La Variété avec unité
EST LE MOYEN
DU BEAU PITTORESQUE
ET
L'ANALOGIE
EST LE MOYEN DE L'UNITÉ.

**Einheit
in der Manigfaltigkeit**
führt dem Mahlerisch-schönen zu,
und Analogie ist die Bedingung
der Einheit.

Si nous rapprochons de ces deux compositions typographiques celle qui termine la page 9, nous reconnaîtrons que la meilleure, au point de vue pittoresque, est celle en caractères gothiques, dont l'ensemble présente *analogie simple* et *unité*.

---

§ III. DES PROGRESSIONS DE DIMENSION.

Il a été bien établi, dans les deux paragraphes précédents, que la *Variété* et l'*Analogie* étaient les deux conditions de la beauté pittoresque ; toutefois notre expérience et nos réflexions entièrement personnelles nous ont fait découvrir une troisième condition qui, sans être peut-être constamment nécessaire est au moins d'un grand effet, dans la plupart des cas. Cette condition, c'est l'interruption des successions dans les dimensions des objets ou des parties d'objets concourant à un sujet, c'est-à-dire que ces dimensions ne doivent pas être placées dans ces progressions arithmétiques : 1, 2, 3, ou 3, 2, 1 ; mais elles doivent se succéder en interrompant les progressions, soit comme 1, 3, 2, ou 3, 1, 2, ou 2, 3, 1, ou 2, 1, 3.

Les figures ci-après expriment le précepte avec évidence.

Le mauvais effet des progressions dans le sens vertical peut être corrigé par un bon effet des interruptions des progressions en sens horizontal, comme ci-après :

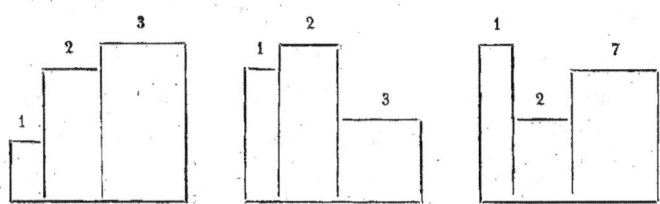

Mais l'effet est le meilleur possible lorsque les progressions sont brisées dans les deux sens, comme ci-après :

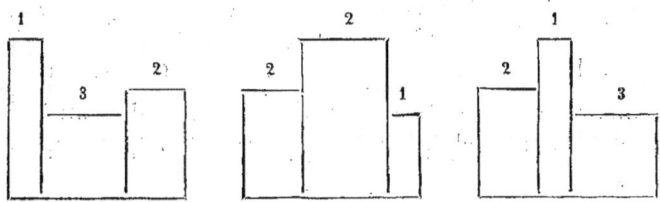

L'application de la règle, exprimée si clairement à l'œil par cette suite de figures, est facile à comprendre lorsqu'il s'agit seulement d'objets ayant des formes rectangulaires, tels que maisons et fabriques de tout genre ; et s'il s'agit de l'application à des objets à contours irréguliers, pour être moins prompte à être saisie, elle n'est pas moins certaine dans son effet : cassures de rochers, groupement de quelques pierres, arbres dans la succession des masses de feuillage comme dans la succession des feuilles formant silhouettes, figures, draperies dans la succession de leur pli, etc., etc. : rien de cela n'aura le plus haut degré de beauté pittoresque s'il n'y a pas eu observation de cette règle d'interruption des successions.

Dans la tête et dans le corps humain, comme dans celui des animaux élevés dans l'échelle des êtres, les contours et les parties se succèdent et se combinent d'une manière qui semble échapper à l'analyse; cependant, le fait de l'interruption des progressions existe là comme ailleurs, et un œil intelligent saura le découvrir dans le plus riche assemblage de variété et d'unité qui puisse se rencontrer. Afin d'ajouter encore de la clarté à nos paroles, nous recommandons les figures qui remplissent la Planche IX; au reste, dans le cours de ces études, les occasions ne manqueront pas d'affirmer la valeur d'une règle que nous pouvons appeler nôtre, car nous ne l'avons jamais vue formulée ni dans aucun livre, ni dans aucun atelier, et cependant elle se trouve appliquée dans toute bonne œuvre d'art comme dans toute beauté naturelle.

Nous n'avons ici présenté cette loi d'*interruption* qu'en l'appliquant à *trois* dimensions seulement; elle existe pour quatre, pour cinq et pour tout nombre de parties analogues mises en rapport; mais le nombre *trois* est celui qui donne les combinaisons les plus heureuses, et qui, par choix ou par instinct, s'offre le plus souvent dans les œuvres de l'art.

Ce fait de distribution par trois n'a pas échappé aux invesgations du peintre Ziegler, dans ses recherches d'esthétique publiées sous le titre d'*Études céramiques*, et il conclut, page 49, en disant que « la division par trois est une loi mysté-

»rieusement inscrite dans les plus beaux modèles d'arcs de
»triomphe, de piédestaux, vases, etc., etc. ».

On nous accusera peut-être de placer ici un hors-d'œuvre; mais nous ne pouvons nous priver du plaisir de rappeler les opinions de Pythagore sur les vertus divines de quelques nombres, ne serait-ce que pour faire voir combien l'on s'égare lorsque l'on sort du domaine de l'observation, pour se livrer à ce goût de la pauvre humanité pour le mystérieux. S'il faut en croire son biographe Porphyre, le célèbre philosophe pensait que le nombre 2 était funeste; 3 était admirable; 4 était divin; 6 avait son mérite, mais 7 était le nombre le plus merveilleux. Plus tard, saint Augustin ne se montre nullement opposé aux idées du philosophe payen; il dit, dans son 44e Sermon, « que le nombre 77 figure l'abolition »de tous les péchés par le baptême...; le nombre 10 signifie »justice et béatitude, résultant de la créature qui est 7, »avec la Trinité qui est 3. C'est par cette raison que les »Commandements de Dieu sont au nombre de 10. Le nom- »bre 11 signifie le péché, parce qu'il transgresse 10.... Ce »nombre de 77 est le produit de 11 figures ou péché multi- »plié par 7 et non par 10, car le nombre 7 est le symbole de »la créature; 3 représentent l'âme, qui est l'image de la divi- »nité, et 4 représentent le corps à cause de ses 4 qualités. »

Aujourd'hui que les merveilles de l'histoire naturelle, de la géométrie, de la physique et de la chimie ont détourné de l'attention jadis donnée à la cabale, ou à l'alchimie, ou à l'astrologie, il n'est plus guère permis de se contenter d'explications mystérieuses. Le temps des systèmes absurdes et stériles de l'ancienne philosophie scientifique est passé. L'éther, l'âme du monde, l'agent universel, ne peuvent plus être l'objet de nos méditations. Il doit être bien reconnu que l'homme a moins gagné par des siècles de spéculation métaphysique que par quelques années de simple observation des faits. C'est ainsi que nous avons vu trouver de nos jours la vapeur, la photographie, la télégraphie électrique, véritables et sublimes merveilles qui feront éternellement la gloire de l'esprit scientifique de notre époque. Eh bien! suivons cet esprit dans nos recherches, en observant et en constatant simplement des faits d'harmonie pittoresque dans lesquels, ainsi que nous l'avons dit en débutant, nous trouvons le fait physique du sens artistique. Tirons conséquence de ce fait en cherchant des applications logiques à la pratique de l'art.

§ IV. LOI DES CONVENANCES ET DU SENS. — SYMÉTRIE.

Quelque grande que nous fassions la part de la force pittoresque, dans l'attrait qu'ont pour nous les objets que nous voyons ou dans l'admiration qu'ils excitent dans notre esprit, nous ne devons pas méconnaître que les notions que nous avons de leur utilité ou de leur convenance n'entrent pour beaucoup dans le jugement que nous portons de leur beauté. Une construction quelconque a un but, et sa disposition, comme son aspect, doivent avoir un sens conforme à ce but : l'ordre, l'arrangement, une disposition systématique, dans beaucoup de choses de ce monde, sont des qualités trop estimables pour qu'on n'admire pas les architectes, les ingénieurs, les agriculteurs, etc., qui en font preuve. Ainsi, attendu que la ligne droite est le plus court chemin pour aller d'un point à un autre, et que les routes, rues, sentiers ou canaux sont construits dans ce but de locomotion, on peut dire qu'une route et qu'une rue bien droites sont belles au point de vue de l'utilité ; celles qui sont bien pavées, bien unies, sont aussi trouvées plus belles que celles pleines d'ornières, de pierres ou d'herbes. Un palais, un hôtel de ministre, une galerie de tableaux, des usines nécessitant un grand ordre intérieur, seront considérés beaux comme monuments s'il se manifeste, au dedans comme au dehors, une grande symétrie. Un régiment de soldats paraîtra d'autant plus beau que ces soldats se tiendront mieux alignés, parce que cette perfection d'alignement fait supposer naturellement une perfection de discipline et de manœuvre. Des plantations d'arbres dans les champs et sur les routes, la disposition des vases dans un parterre ou celle des légumes, peuvent être trouvées belles, à cause de la régularité et des alignements qu'elles présentent, parce que ces dispositions répondent à la commodité de leur culture. Mais en appelant tout cela beau, nous ne donnons à cet adjectif qualificatif que cette valeur vague, variable et complexe, qu'il doit avoir et qu'il a dans le langage habituel. Mais il ne s'agit plus alors de *Beau pittoresque*, de cette valeur qu'il faut dégager de la signification complexe du mot Beau, et qui se perd ou s'affaiblit lorsque la régularité et la symétrie paraissent. Aussi nous disons maintenant qu'un chemin contourné, inégal, défoncé, rempli d'herbes et couvert de pierres, doit être, pittoresquement parlant, plus beau qu'une route macadamisée ; qu'une forêt vierge est plus belle qu'une allée d'arbres bien alignés; qu'une rue tortueuse composée de vieilles maisons inégales, sales et délabrées, est plus belle que la rue de Rivoli; qu'un château ruiné est plus beau qu'un château tout neuf; et qu'un mendiant en guenilles est plus beau qu'un élégant dandy vêtu de neuf à la dernière mode.

Voilà des assertions qui devront paraître fausses, paradoxales, choquantes, absurdes même peut-être à beaucoup de gens, à tous ceux qui n'ont jamais remarqué par combien de motifs différents ils appellent une chose belle, et qui ne se sont pas livrés à l'analyse de la beauté. Il est certain que beaucoup de gens seraient, sans la connaissance de cette analyse, fort en peine de concilier nos assertions avec l'admiration incontestée vouée à beaucoup d'édifices où règne une grande symétrie. Nous ne voulons pas cependant nier le charme de cette symétrie; il faut constater même comme un fait d'harmonie pittoresque, comme un point de théorie, les rapports de la symétrie avec notre sens intime. Mais il faut reconnaître qu'elle n'est d'une bonne valeur pittoresque que dans certaines conditions admises dans l'art, c'est-à-dire lorsqu'elle est corrigée, dissimulée, embellie par des moyens qui introduisent dans le tout une telle dose de variété, qu'au lieu d'être une cause de défaut elle est une cause d'unité.

Les architectes du moyen-âge et ceux de tous les temps, qui ont montré un goût et une science auxquels tout le monde rend justice, ont très-souvent évité la symétrie avec une intention évidente. Il suffit de feuilleter des vues de cathédrales et d'autres monuments, pour se convaincre de ce que nous avançons. Il suffira peut-être de prendre nos Planches IX, X, XI, sur lesquelles nous avons tracé quelques croquis de monuments dont la beauté pittoresque ne saurait être contestée. Qu'on dise, si on l'ose, en la voyant, qu'une disposition symétrique serait plus agréable à l'œil que cette savante et ravissante distribution irrégulière; mais observons attentivement l'œuvre de l'architecte, alors qu'à un aspect superficiel il paraît avoir mis de la symétrie partout, et nous verrons que si, pour de justes égards pour la convenance, l'ordre et le sens de son monument, il a ordonné cette symétrie, pour le plaisir de l'œil il a mis de la variété dans toutes ses dimensions, dans toutes les subdivisions des parties symétriques. Prenez nos Planches X et XI, et vous verrez avec quelle science la variété est introduite. Au reste, souvent des répétitions de parties égales de séries de balustres, d'oves, de triglyphes, de modillons, de feuilles, de colonnes même, doivent être considérées dans l'effet qu'elles produisent par leur masse, effet qui est analogue à celui que produirait un ton de couleur, comme le produisent des alignements ou des croisements de hachures et de tailles dans le dessin et dans la gravure. Il faut considérer encore que le plus souvent les points de vue divers d'où un monument est vu, les arbres, les rochers, les teintes variées que le temps y ajoute, tout cela transforme la symétrie en irrégularité; de même que dans un bouquet de fleurs semblables, pas une ne se présente dans les mêmes conditions. Et si l'on veut apprécier, en résumé, combien sont encore faibles les moyens pittoresques de l'art architectural pour sauver le mauvais effet des symétries, qu'on compare ces moyens avec ceux de la nature, avec ceux du temps et du hasard. On verra qu'un paysan qui a bâti lui-même sa maison; qu'un campagnard qui a fait un mur grossier et a jeté par-dessus quelques poutres mal équarries; que le temps qui a ruiné une tour, qui l'a enlacée de lierre; qu'un pêcheur qui se fait une habitation avec ses avirons et la voile déchirée de sa barque, sont de plus grands artistes que bien des architectes. Les images crayonnées sur notre Planche XII rendent patent ce que nous avançons, et comme preuve plus étendue nous renvoyons aux charmantes et admirables œuvres des maîtres nombreux qui ont excellé dans la peinture des scènes rustiques, des ruines, des intérieurs, etc. Il y aurait du reste impossibilité de mentionner seulement la quantité des cas où des artistes de talent ont produit des choses ravissantes en prenant les sujets en apparence les plus insignifiants, ceux chez lesquels l'effet du temps, ou de ces lois inconnues que nous appelons le hasard, a répandu le charme de la beauté pittoresque. La campagne, la rue, la mer, les réunions d'hommes, la nature entière, offrent des exemples en nombre infini de la beauté pittoresque due aux causes que nous lui avons assignées. Il faut donc la contempler, l'étudier avec l'intelligence que nous avons tâché de donner, et bientôt on aura acquis le jugement nécessaire pour savoir reconnaître et choisir dans la nature ce qui appartient au domaine de l'art.

Nous ne devons pas terminer cette première partie de notre travail, ayant pour objet la *forme,* ni passer aux parties suivantes (clair-obscur, couleur, etc.), sans réclamer du lecteur une sérieuse réflexion sur les moyens simples, mais suffisants, d'exprimer cette qualité, la plus frappante, la plus caractéristique et la plus puissante sur notre sensibilité.

Un simple contour au trait suffit pour exprimer la forme; et si l'on se rappelle les figures si admirables dessinées sur ces antiques vases grecs, dits étrusques, les illustrations d'Homère et d'Hésiode par Flaxmann, celles d'Anacréon et de Virgile par Girodet, les immenses collections de gravures au trait d'après Raphaël, Michel-Ange, Poussin, d'après les innombrables statues antiques ou modernes; si l'on se rappelle le charme de certains petits croquis, on comprendra que la plus grande puissance de l'art est dans la forme, et que cette forme peut s'exprimer par un simple trait.

Devant les belles œuvres d'art reproduites par ce moyen seul du contour, désire-t-on, si l'on a tant soit peu de culture d'intelligence, d'autres attraits d'exécution? aimerai-t-on que la Vénus de Milo fût peinte...? Non; ce qu'il y a de plus élevé, de plus grand et de plus pur dans l'esprit et dans le cœur humain, les pensées les plus nobles, les sentiments les plus fiers et les plus tendres, les gestes les plus expressifs, l'élégance et le caractère des arbres, les cassures abruptes des rochers, la grâce des fleurs, la belle disposition des parties d'une composition dans un genre quelconque, les aspects des monuments d'architecture, les plus belles formes du corps de l'homme et des animaux: tout cela peut être rendu par un simple trait.

C'est pour cela que tous les maîtres ont prêché l'importance du dessin, et aucune peinture ne saurait exister sans une certaine correction de la forme.

Terminons en rappelant que la beauté de la forme est produite par l'ensemble de ces moyens:

1º La variété dans les dispositions des parties d'un objet ou d'un sujet;

2º L'analogie de nature des objets représentés et l'analogie de direction, de courbure des lignes;

3º L'interruption des progressions arithmétiques dans les dimensions relatives des objets ou de leurs parties;

4º L'égard à avoir des considérations d'utilité et de destination.

Pl. I.

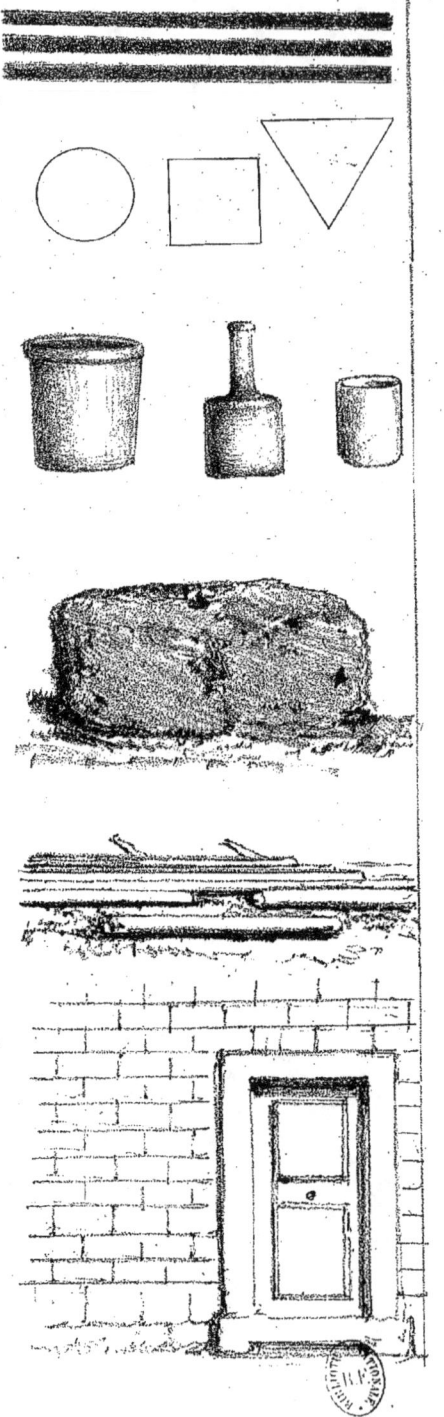
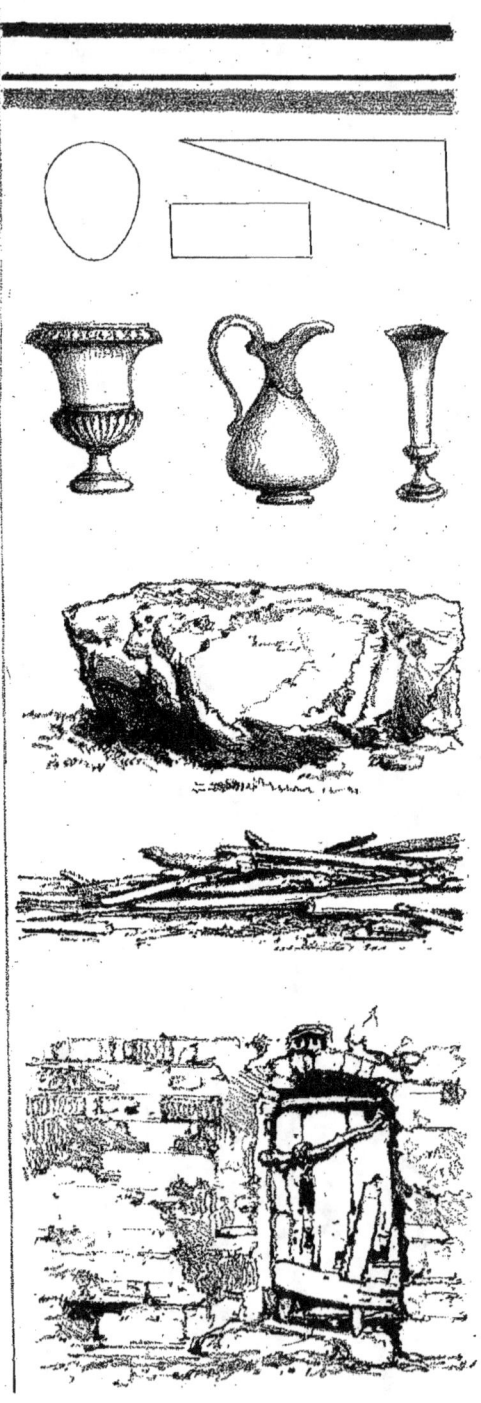

Lith. Boehm & fils, Montp.

Pl. II.

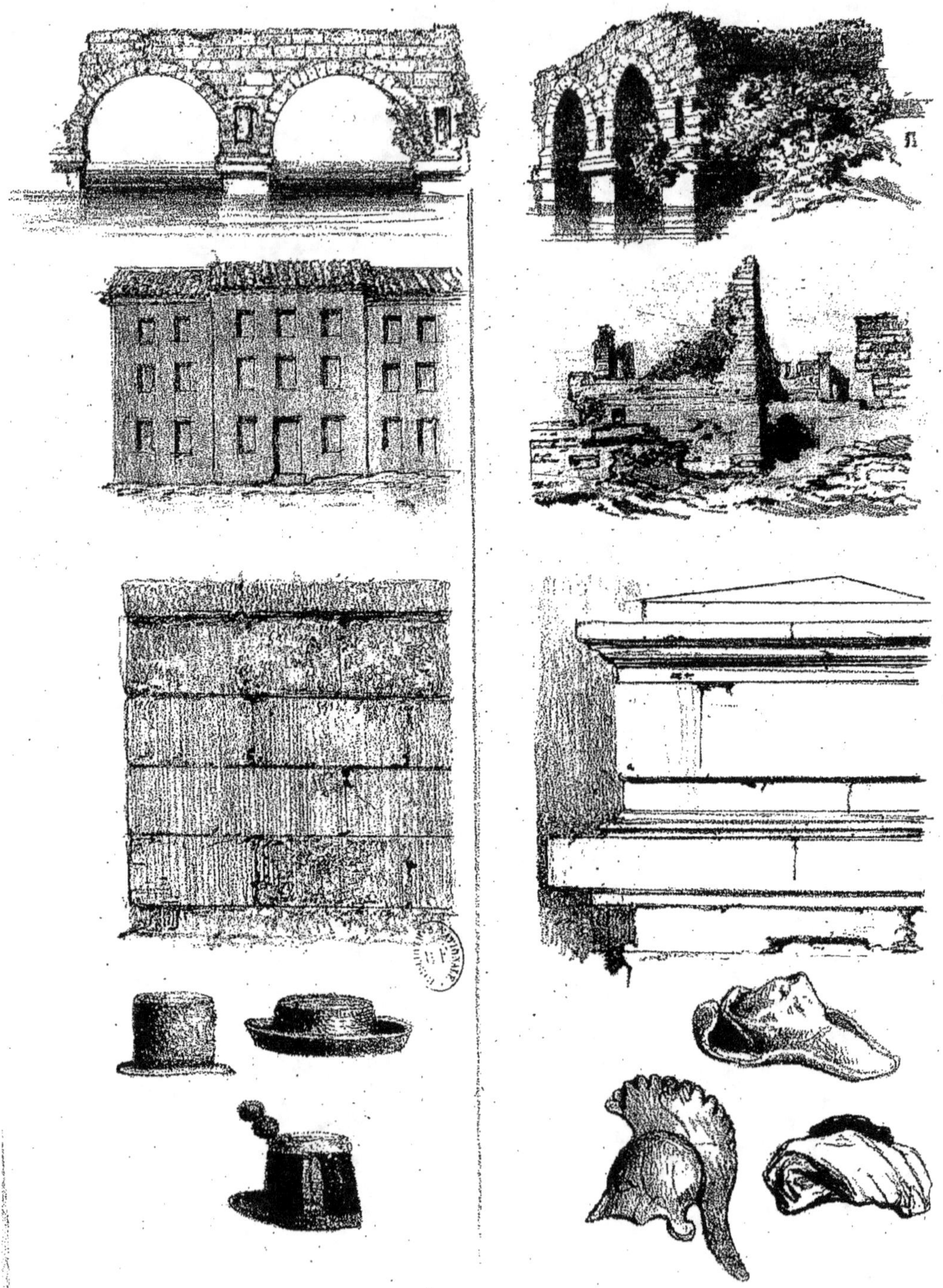

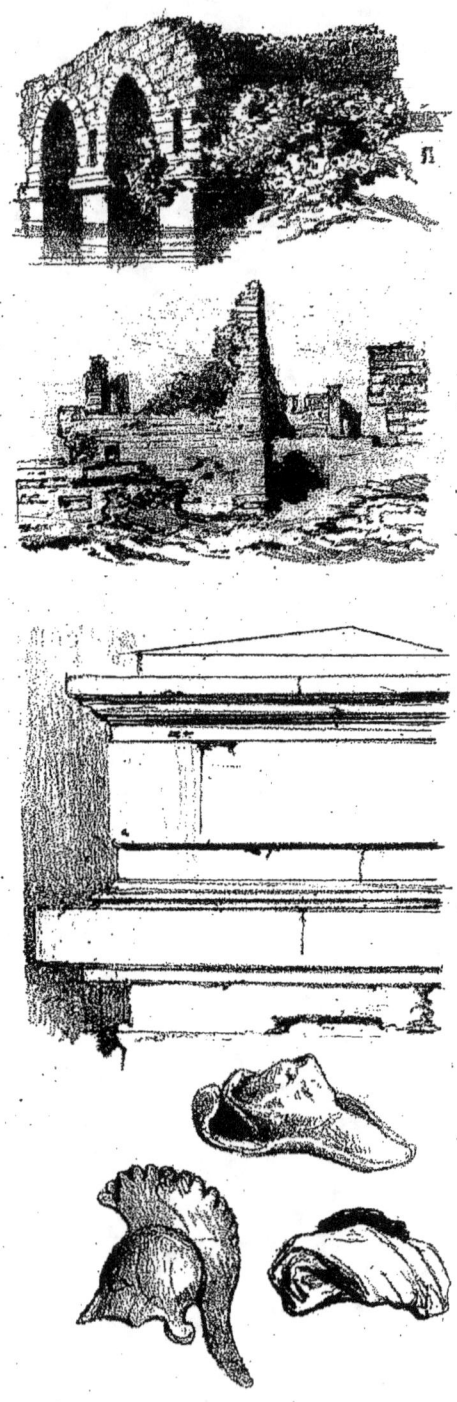

lith. Boehm Afils, Montp.

Pl. III

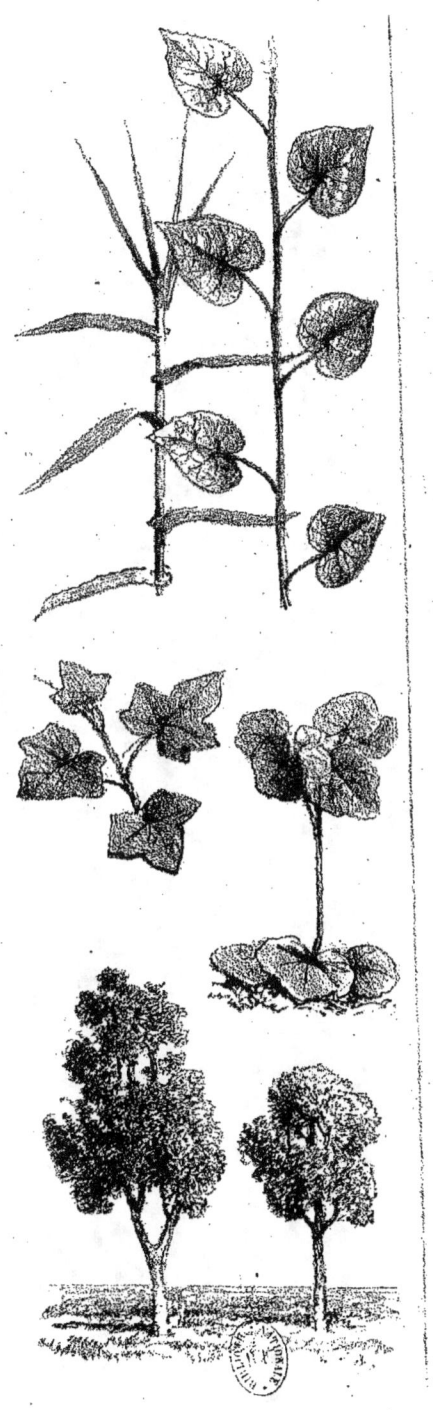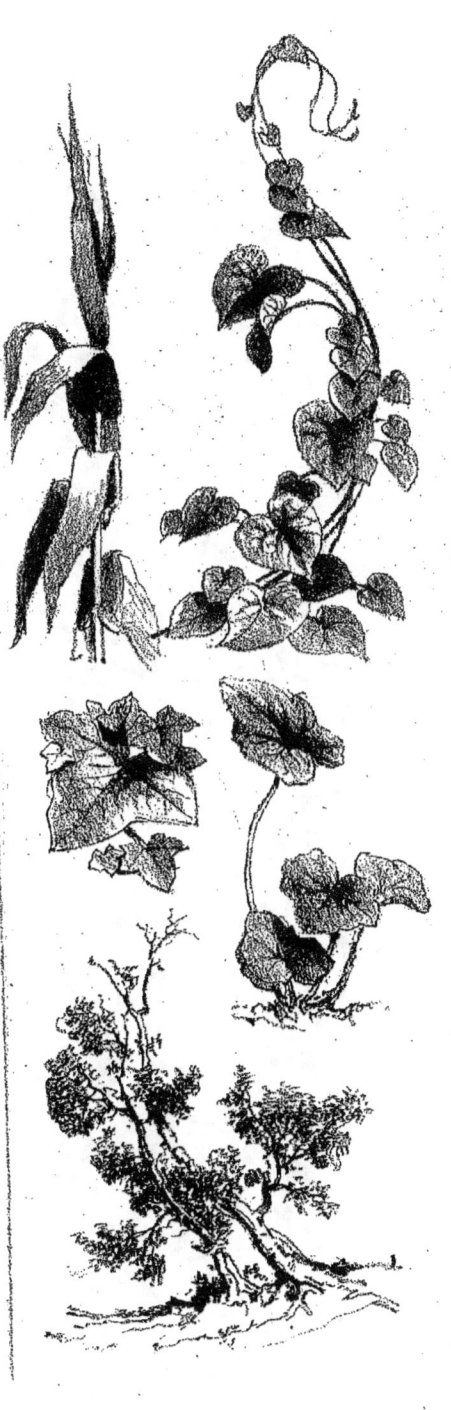

lith. Boahm & fils, Montp.

Pl. IV

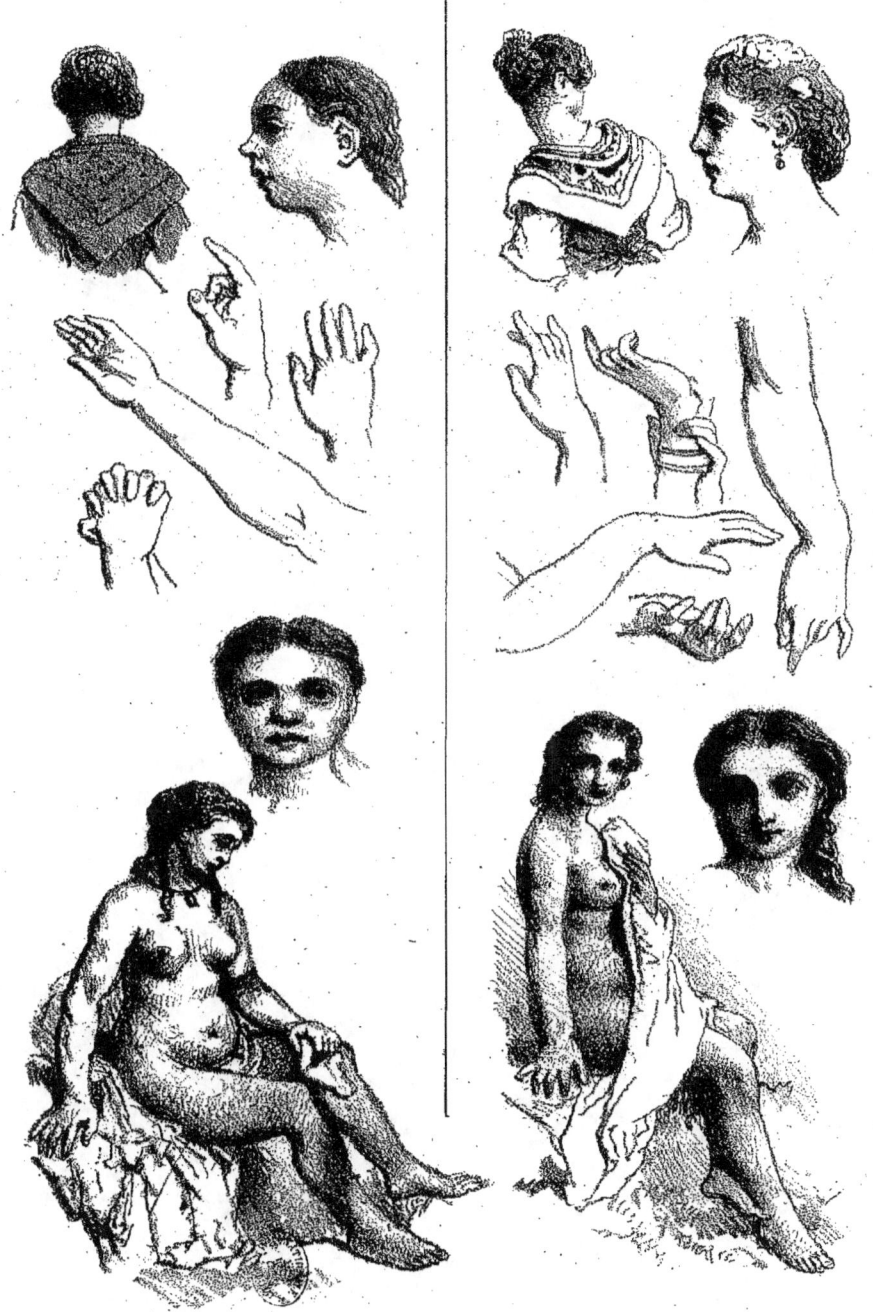

Lith. Boehm & fils, Montp.

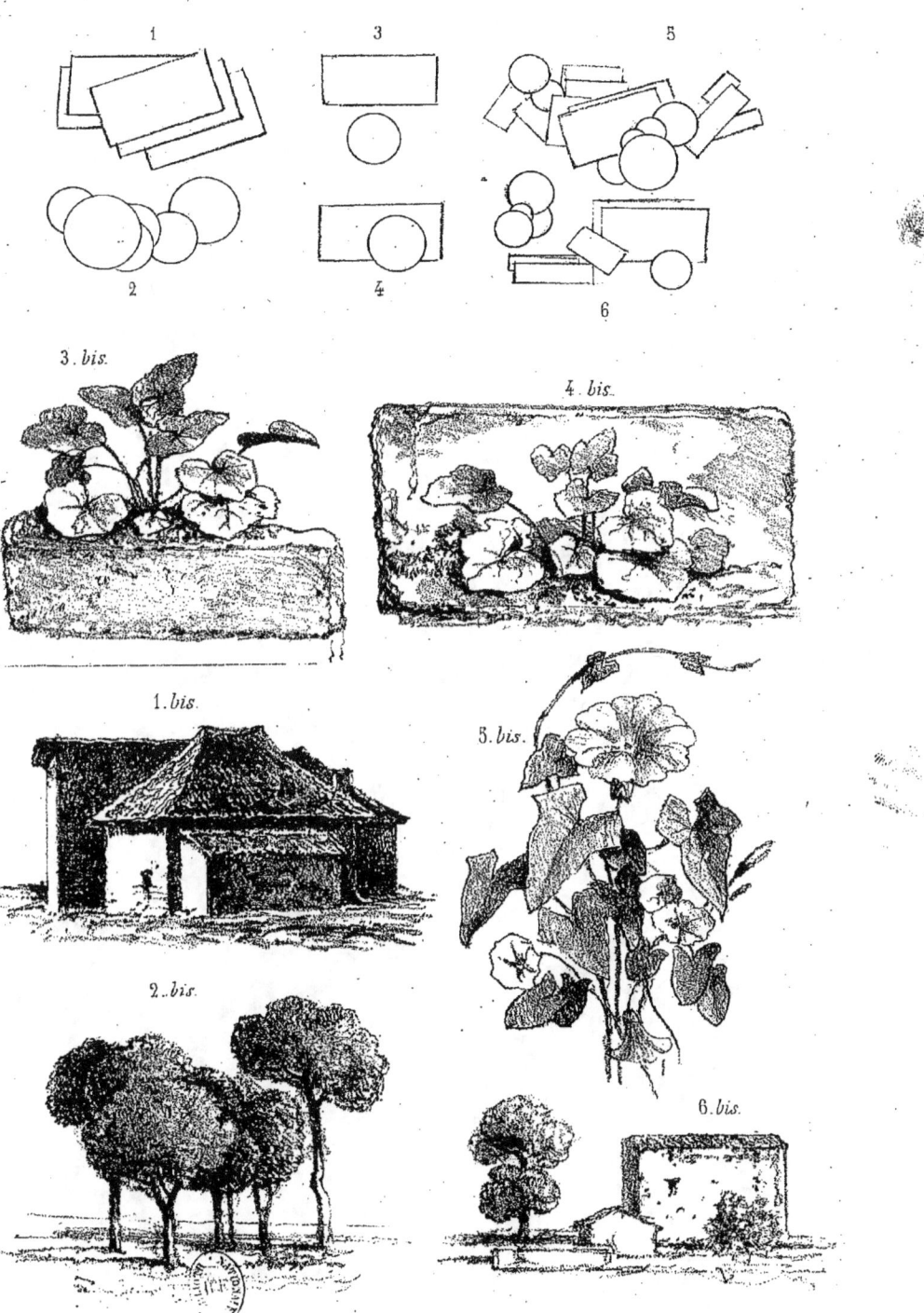

Pl. V

Lith. Boehm & fils, Montp.

Pl. VI

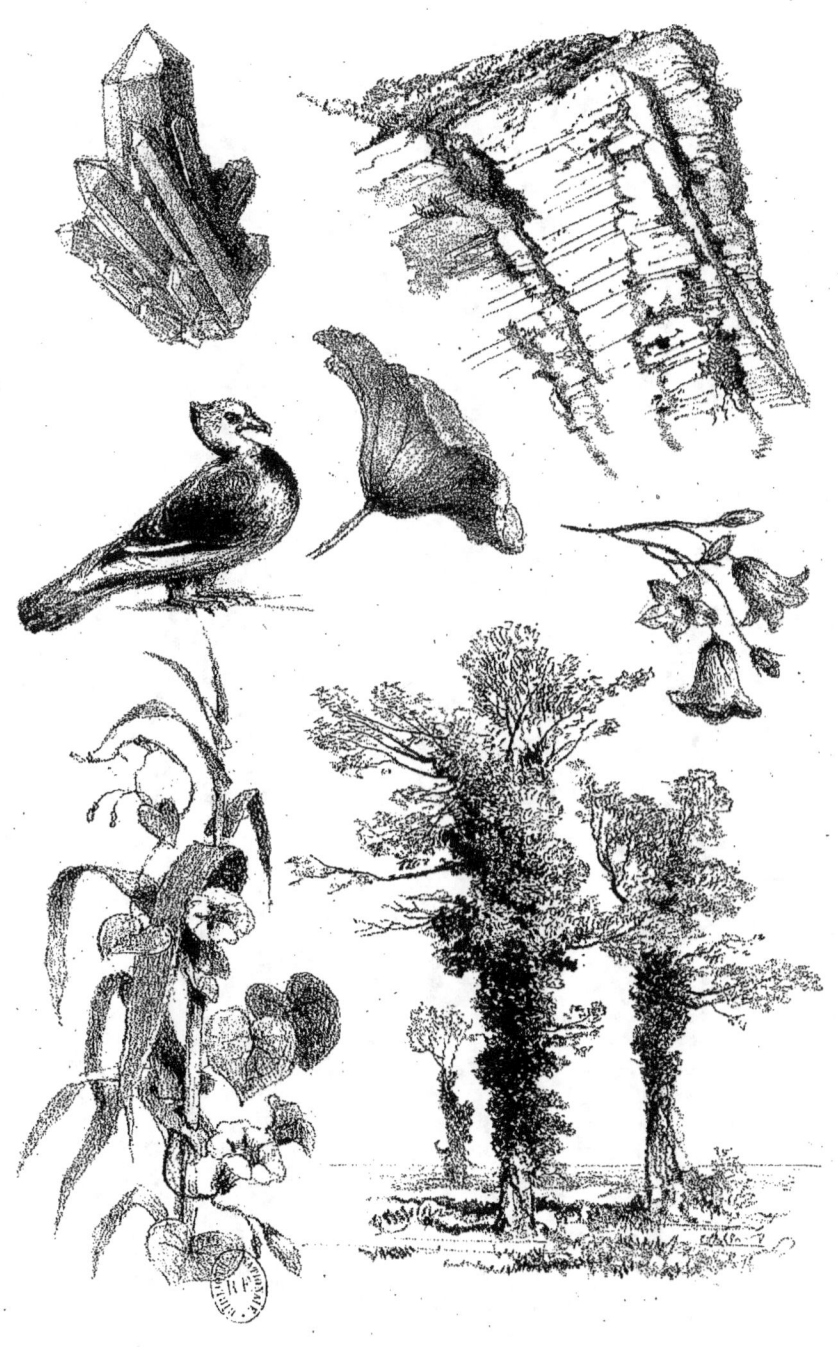

Lith. Boehm & fils, Montp.

Pl. VII.

Pl. VIII

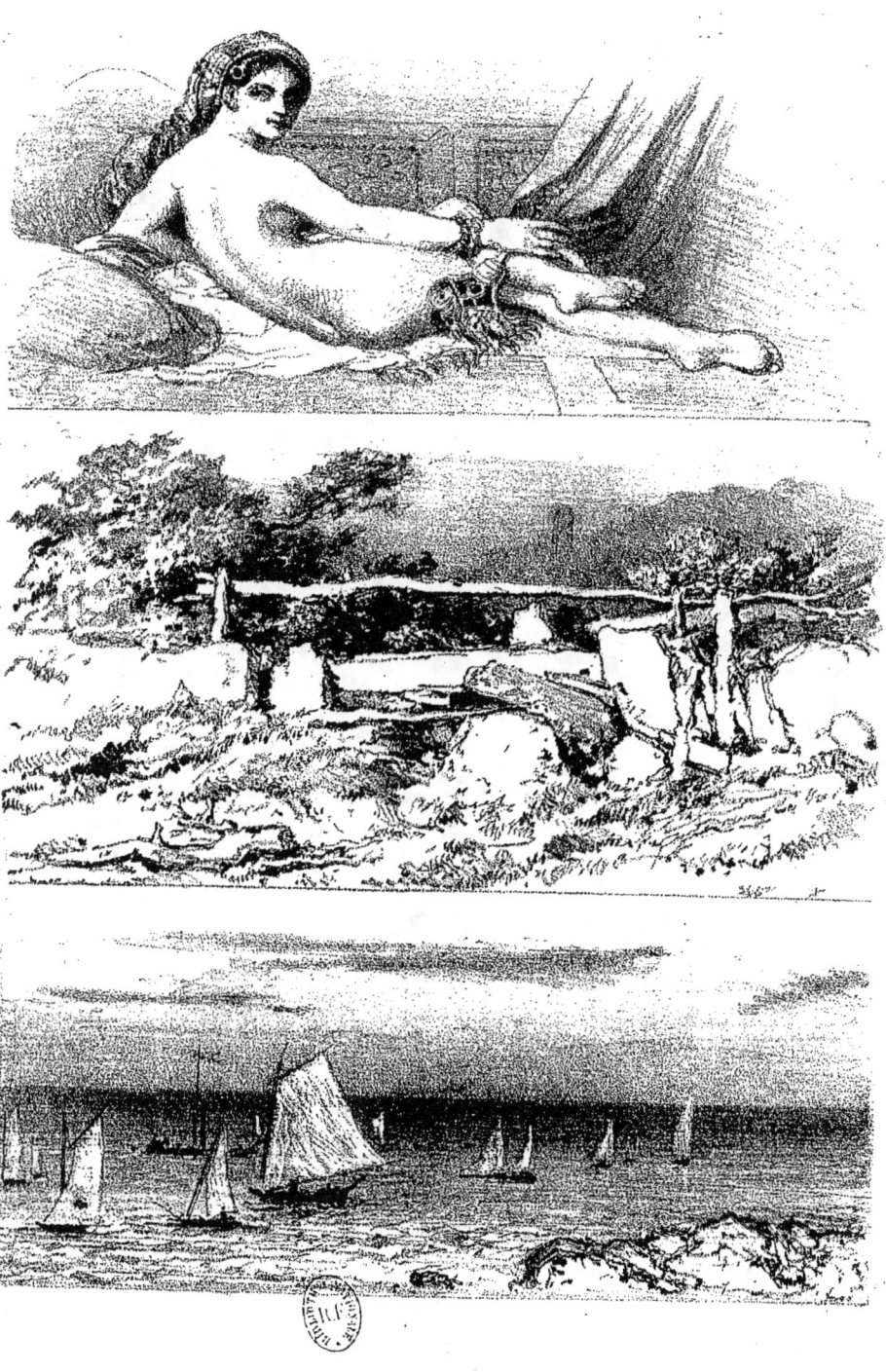

Lith. Boehm & fils, Montp.

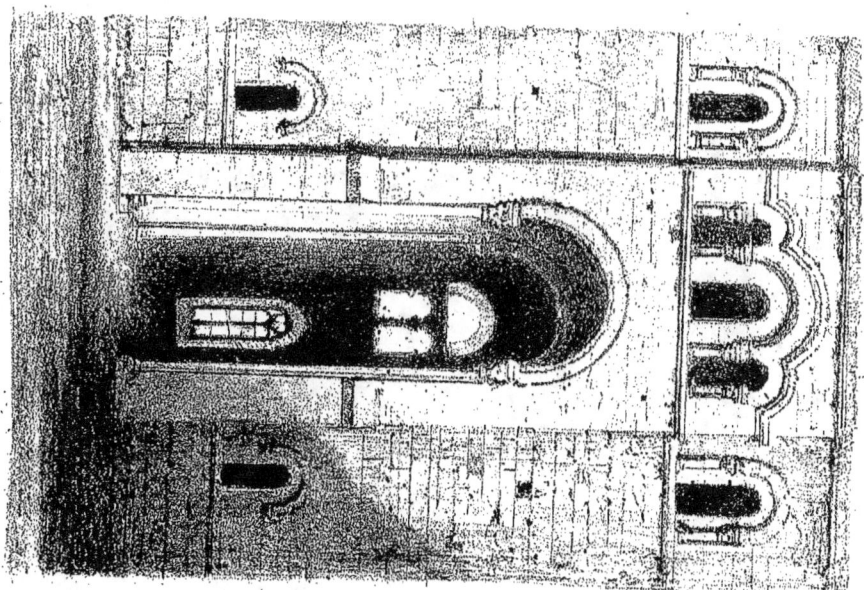

Lith. Boehm & fils, Senef.

Pl. IX

Pl. X.

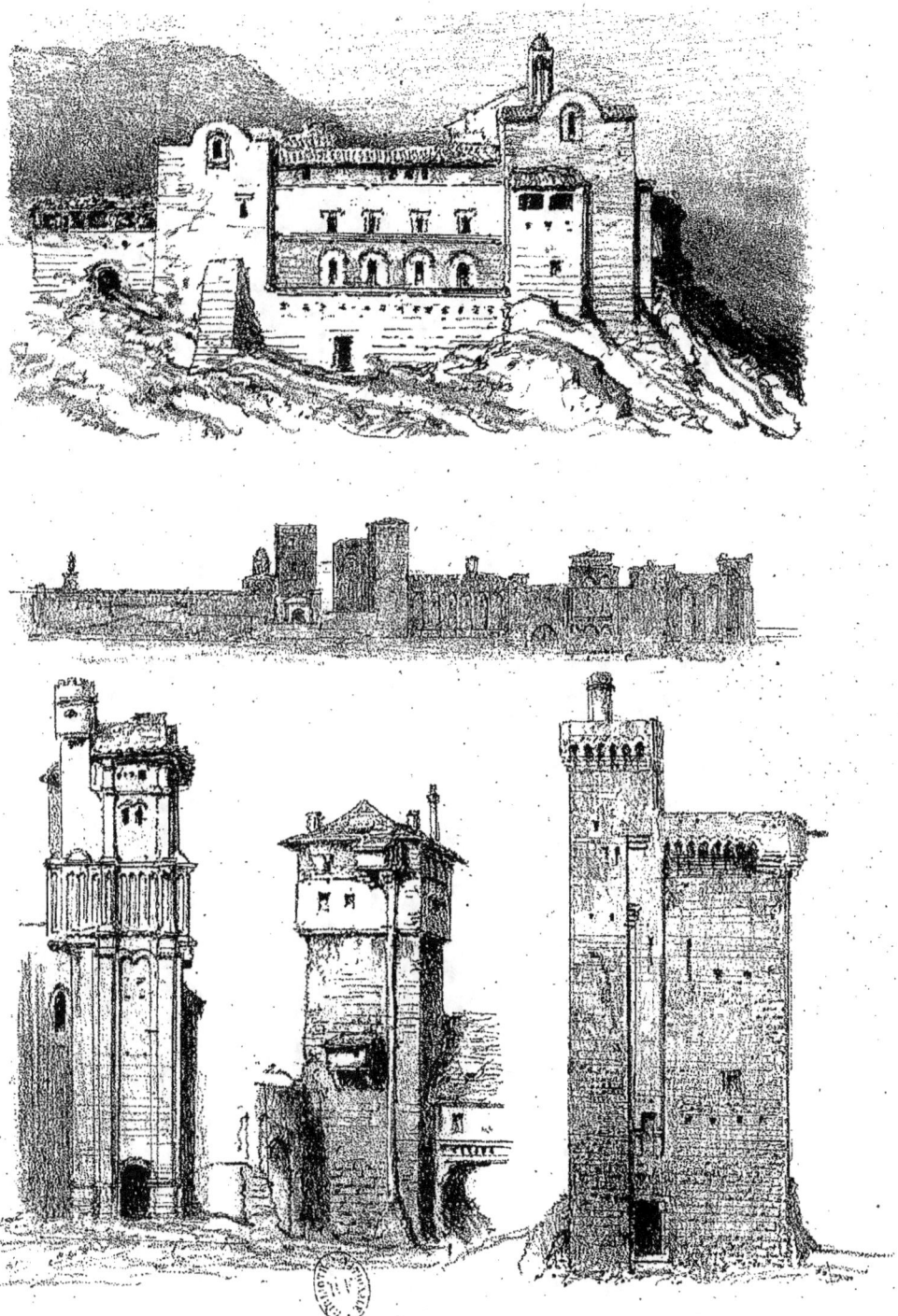

Pl. XI.

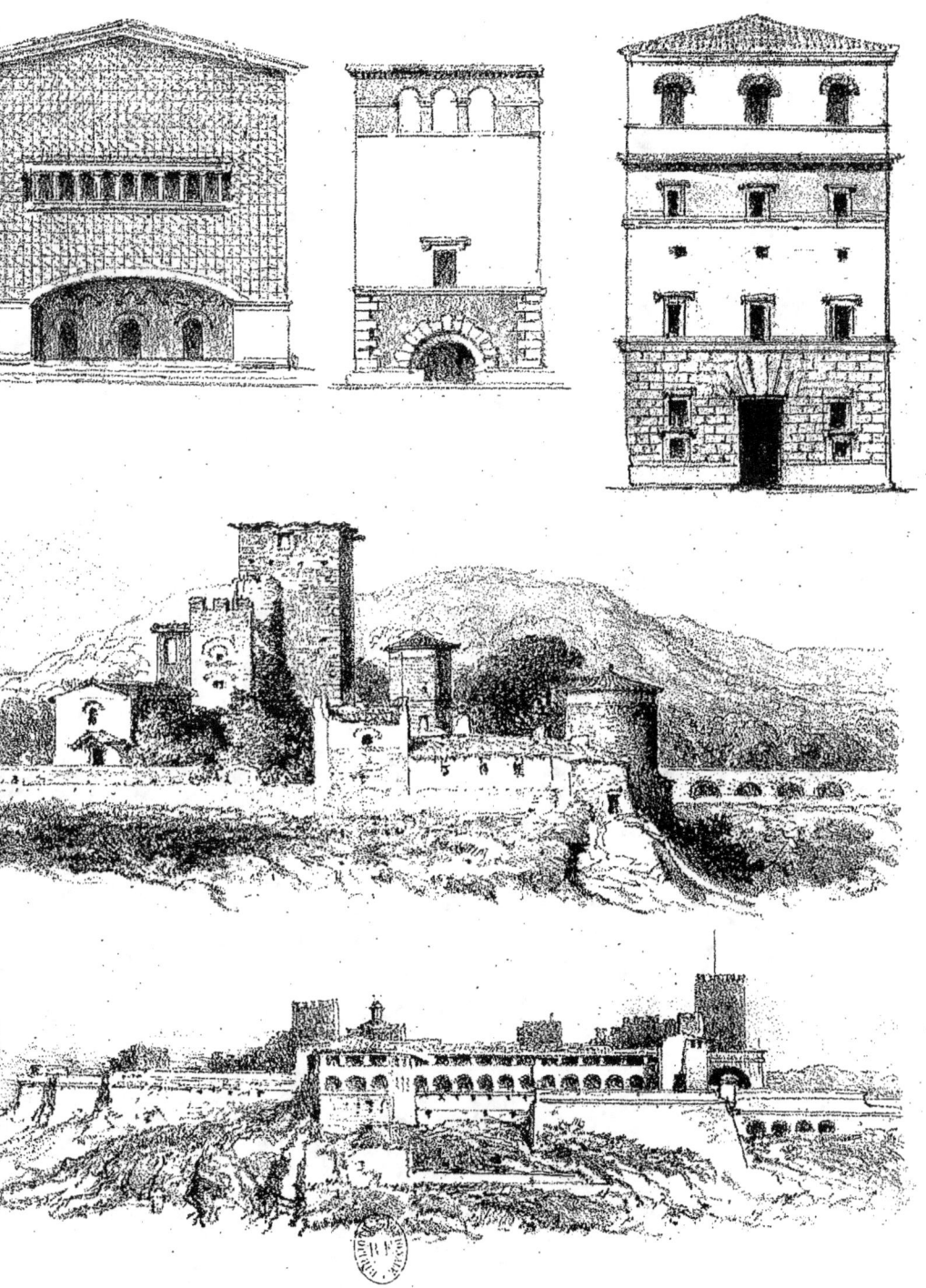

Lith. Boehm & fils, Montp.

Pl. XII.

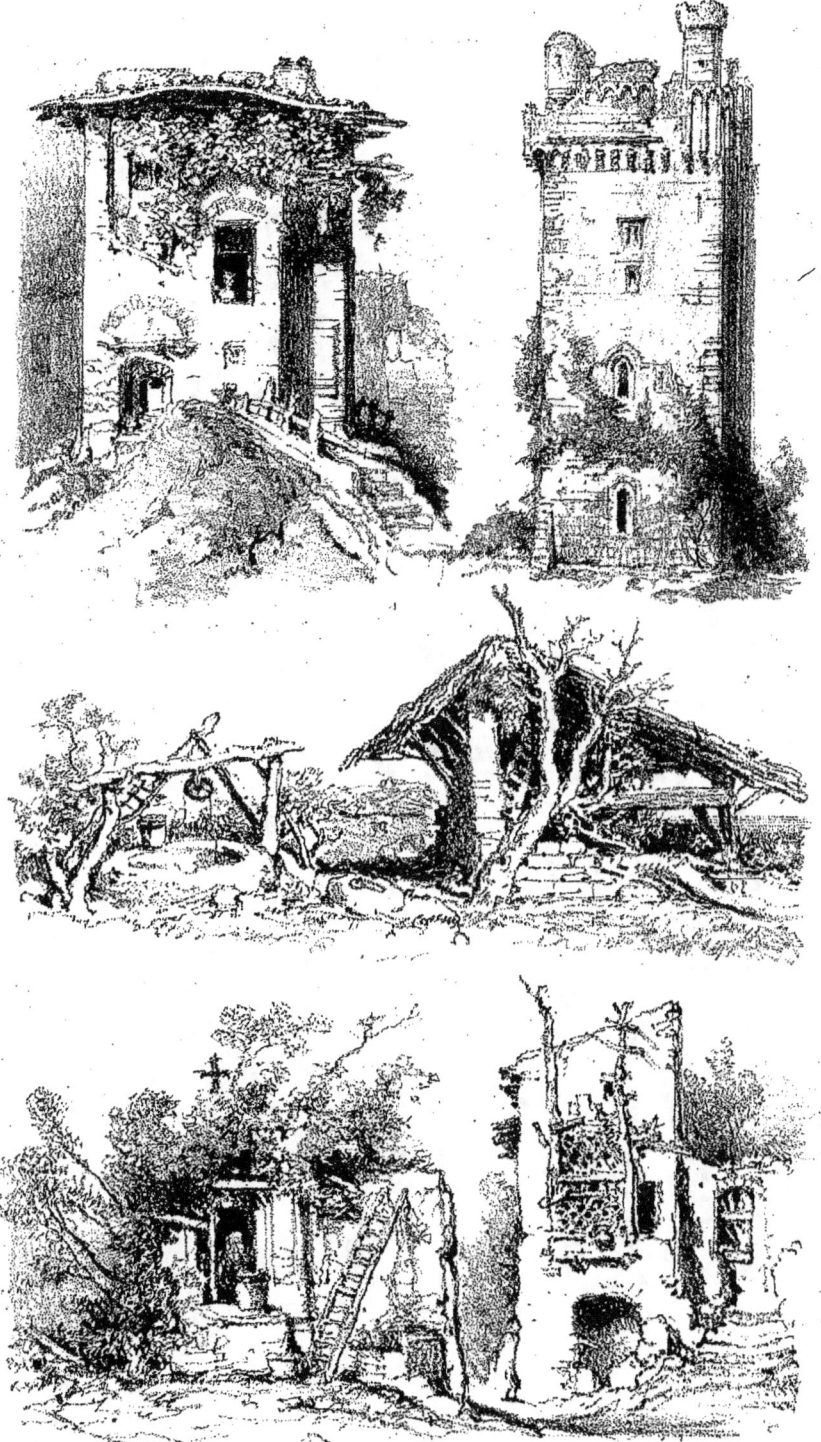

Lith. Boehm & fils, Montp.r

CHAPITRE DEUXIÈME.

DU CLAIR-OBSCUR.

En tombant sur les corps avec divers angles d'incidence, la lumière donne lieu à des points brillants, à des demi-teintes, à des ombres propres, à des ombres portées et à des reflets. Ces effets si variés, connus de tout le monde, constituent cette partie de l'art qu'on appelle *Clair-obscur, Chiaro-oscuro, Light and Shade*. Ils sont produits par des lois que la physique a précisées rigoureusement par la théorie, et que l'artiste peut se contenter d'étudier et d'observer, mais avec l'attention la plus sérieuse.

Le clair-obscur donne lieu à deux espèces de considérations et d'études.

D'abord, en produisant les effets de relief et de profondeur des divers objets dont le peintre cherche à reproduire l'image, et en s'ajoutant au simple trait, il complète de diverses manières les notions données par ce trait sur leur nature ; il pousse plus loin l'imitation que l'artiste peut en faire, et il ajoute le plus souvent une grande puissance d'effet pittoresque. Bien que, sous ce premier rapport, celui de la simple imitation de la nature, les observations à présenter sur le clair-obscur n'entrent pas dans l'objet spécial de nos études, nous croyons devoir faire quelques remarques à cet égard, car cette imitation présente de grandes difficultés.

Lorsqu'on pense, en effet, que la nature possède le soleil pour produire ses lumières, et la nuit ou la profondeur des caves pour produire ses ombres; qu'elle possède ainsi une étendue immense de tons, alors que nous n'avons pour exprimer la lumière vive qu'un pigment blanc, et qu'un pigment noir vu au jour pour exprimer l'ombre, on comprend ces difficultés, et alors il n'est guère possible de ne pas se sentir découragé; cependant, quelque grandes qu'elles soient, l'art a su les aborder, les vaincre, produire des effets magiques de clair-obscur avec les faibles moyens de la palette, même du crayon tout seul, et cela par des contacts ingénieux de noir et de blanc, par la quantité relative des ombres, des lumières et des demi-teintes.

C'est, comme dans les sciences physiques et naturelles, par l'observation de certains faits et par la réflexion sur des faits, qu'on a trouvé ces moyens, vus et connus de tout le monde.

Qui n'a pas remarqué que, dans la comparaison d'une chose grande avec une petite, la grande paraît plus grande que si elle est à côté d'une chose de dimension presque égale, et la petite moins petite si elle est près d'une petite? Ce qui se passe ici à l'égard des dimensions se passe complètement à l'égard des comparaisons d'intensité ou de tons de lumière et d'ombre. Ainsi, une surface blanche paraîtra plus lumineuse mise en contact avec une surface noire, que si elle était à côté d'une surface à peine teintée, et *vice-versa*.

Ce phénomène de notre sens visuel, qui serait plus frappant

si l'on employait des morceaux d'étoffe grands et petits, blancs, noirs et gris, nous avons tâché de l'exposer graphiquement dans les figures 1, 2, 3 et 4 de la Planche XIII.

La conséquence et le profit à en tirer, c'est que, par des rapprochements bien calculés, l'artiste peut obtenir des effets d'ombre et de lumière auxquels il ne saurait atteindre sans la science du clair-obscur.

Nous avons encore à faire observer, dans cette excursion hors de notre sujet, qu'en ne cherchant que la pure imitation des valeurs relatives de lumière, d'ombre et de reflet existant sur les objets placés devant son œil, le peintre trouve également de grandes difficultés provenant d'abord de l'impuissance réelle de ses moyens comparés à ceux de la nature, et ensuite du manque de justesse d'observation. Ainsi, il voit trop, lorsqu'il n'a pas acquis une expérience suffisante, le modèle par parties, en détail, au lieu de le voir dans son ensemble; et il exagère, au détriment les unes des autres, ou les ombres, ou les demi-teintes, ou les reflets. Des études sérieuses d'après la *bosse* sont indispensables pour former l'éducation de l'élève dans le clair-obscur. La photographie peut donner bien souvent d'excellentes leçons, et on ne saurait trop recommander l'attention de l'élève et de l'artiste*. Mais arrivons à l'étude de ce qui dans le clair-obscur produit,

---

* Qu'il nous soit permis d'appuyer notre recommandation par une anecdote inédite et personnelle. Un jour, rencontrant Eug. Delacroix allant en voiture de sa demeure à un endroit voisin où il faisait des peintures murales, nous lui demandâmes avec étonnement pourquoi il prenait une voiture pour parcourir un espace très-court ? «C'est, nous répondit-il, qu'en allant à pied, je passe mon temps à regarder les photographies à chaque coin de rue.»

par sa puissance, la beauté pittoresque, et rentre par conséquent dans l'objet spécial de nos études, c'est-à-dire à la seconde des considérations auxquelles il donne lieu.

Comme pour la *forme*, nous sommes sensibles à certaines relations de tons. Ces relations produisent sur notre âme des impressions diverses, et leur beauté dépend des mêmes conditions que la beauté de la *forme*, c'est-à-dire *variété* avec *analogie*, en évitant les successions d'intensité par progression arithmétique. Josua Reynolds, ce peintre anglais considéré à juste titre comme une grande autorité dans l'art, a formulé à peu près cette loi dans ses notes sur le *Poème de la peinture* de Dufresnoy.

« Une peinture, dit-il, doit avoir trois endroits lumineux sur » lesquels la lumière doit s'étendre avec des formes différentes » et avec des degrés différents d'intensité. » Ce précepte, formulé par Reynolds, nous l'exprimons graphiquement sur la Planche XIII (*fig.* 5 à 10) pour le clair-obscur, comme nous l'avons fait pour la forme sur la partie droite de nos quatre premières Planches. Le deuxième rang offre un premier exemple mauvais comme succession d'intensité. Les deux exemples suivants (de la Planche XIII, *fig.* 6 et 7), qui sont bons comme succession dans l'intensité des tons, sont faibles sous le rapport de la dimension des parties trop égales des divers tons, n'offrent pas ce défaut; au reste, tous les trois sont mauvais pour cause d'égalité dans la dimension des tons; mais le troisième rang ne présente que de bons exemples *(fig.* 8, 9 et 10).

L'autorité de Josua Reynolds, qui a fait de la belle peinture et d'excellents écrits sur son art, n'est pas la seule que nous puissions évoquer. Il y a celle d'un nom plus grand, d'un homme qui n'a pas écrit, mais dont quelques paroles ont été conservées, et dont les œuvres parlent plus éloquemment que tout ce qu'il aurait pu écrire. En un mot, il y a l'autorité du Titien, résumant les principes du clair-obscur dans l'observation des effets de lumière, d'ombre et de reflet d'une *grappe de raisin*.

On sait que l'illustre peintre vénitien se servait de cet objet de comparaison pour démontrer ses principes à ses élèves, lesquels principes sont, comme nous disions tout à l'heure, écrits dans ses ouvrages; mais il faut, pour savoir les lire, être déjà avancé dans l'étude et dans la pratique de l'art: on peut dire que, parmi les élèves en peinture et encore plus parmi les gens du monde, s'il en est beaucoup qui regardent, il en est peu qui voient.

Comme résumant les principes exprimés sur le clair-obscur par la parole de Reynolds, par celle du Titien, par sa grappe de raisin, par les ouvrages de bien d'autres maîtres et particulièrement par ceux de l'École hollandaise, qui ont excellé dans cette partie de l'art, nous reproduirons graphiquement cet assemblage de fiches et de jetons qui nous a servi (Pl. V) comme formule des lois de la beauté pittoresque dans la *forme*, et qui, par l'addition de tons divers, devient la formule de la beauté pittoresque dans le clair-obscur, en présentant la variété avec analogie dans la forme comme dans les tons.

En outre qu'il ressort de l'examen de cette formule que chaque lumière, comme chaque ombre, doit être rappelée et, en d'autres termes, avoir un écho qui satisfasse à la loi d'*ana-*

logie, il ressort aussi le précepte d'employer dans un sujet les extrêmes de puissance en blanc et en noir, autrement dit de lumière et d'ombre, que nos pigments nous permettent de donner. Leur proportion peut et doit varier suivant le caractère du sujet que l'on veut peindre, car il est bien certain que le clair-obscur a son caractère propre, son expression. Le noir et les teintes sombres introduites en grande quantité conviendront aux sujets tristes, tandis que les tons lumineux conviennent aux sujets gais ou sereins.

Au reste, une bonne disposition dans la forme a généralement l'avantage de produire une bonne disposition dans le clair-obscur. Cependant un peintre qui va à la recherche d'un sujet, dans la nature, doit toujours se demander si ce sujet se prêtera à un bon effet de lumière.

Dans tous les cas, il faut qu'il y ait harmonie, c'est-à-dire unité dans l'impression produite sur l'œil, comme il y a unité dans l'impression des accords d'un orgue ou d'un orchestre, composé cependant de notes et d'instruments si nombreux et si variés, comme il y a unité dans l'aspect de la grappe de raisin du Titien. Or, cette unité s'obtient en bien regardant la nature, qui n'offre jamais de discordance dans ses effets de lumière et d'ombre.

Si cette partie de l'art dont nous nous occupons offre de grandes difficultés à l'artiste, en compensation elle lui offre de grandes ressources, entre autres celle des ombres portées introduites par la supposition d'un nuage qui passe, d'un arbre, d'un rocher, de murailles qui peuvent exister dans la nature, à droite ou à gauche, en dehors des objets figurés dans le tableau. Dans cette circonstance comme dans beaucoup d'autres, ce sera le goût, l'instinct, le tempérament de l'artiste, qui feront prendre une détermination entre une imitation pure et simple et la hardiesse commandée par la nécessité ou inspirée par le génie. S'il est bien d'étudier avec respect de sages traditions, il n'est pas mal d'oser parfois tout ce qui peut frapper l'imagination et de tenter, comme l'ont fait Rembrandt ou Turner, des effets qui dépassent l'apparence habituelle et journalière des effets de la nature. Il y a pour le clair-obscur une suprême beauté, comme il y en a une pour la forme. Le sillon de la foudre au milieu de noirs nuages, les couchers de soleil, les clairs de lune, les jeux de la lumière parmi les nuages, sur des feuilles, sur les sentiers d'une épaisse forêt, les effets du brouillard; les rayons projetés sur les piliers d'un intérieur d'architecture gothique, ou les ombres portées sur une figure humaine, soit par un chapeau, soit par une abondante chevelure: tous ces effets de clair-obscur peuvent être très-puissants et appartenir, à ce titre, au domaine de l'art. Aussi n'y-a-t-il pas de musée ni de collection d'estampes qui ne puisse fournir de nombreux exemples de l'heureux emploi artificiel du clair-obscur.

A part ces exemples, et pour ceux qui n'ont pas à leur portée les moyens de les étudier, nous avons consacré cinq Planches (XIV, XV, XVI, XVII et XVIII) à en offrir quelques-uns de bien caractérisés. Nous les avons tous choisis de manière à offrir l'application des préceptes à observer pour produire la beauté pittoresque dans le clair-obscur. Ces sujets suffiront, il faut le croire, à faire comprendre la puissance variée des moyens dont on peut disposer dans cette partie de l'art, en appliquant avec exactitude et intelligence les préceptes que nous venons d'exposer tant avec la plume qu'avec le crayon. Par cette application, l'artiste peut rendre intéressant le moindre objet, il peut présenter le même sujet avec des caractères et des effets très-différents.

Nous ne devons pas terminer ce chapitre en passant sous silence une observation critique à laquelle pourraient donner lieu les accessoires des figures dessinées sur la Planche XVIII. Ces accessoires, velours, rubans, produisent le ton le plus intense qui apparaisse dans le sujet, et cela non par l'effet des ombres, mais par celui de leur ton local; de sorte que c'est la couleur qui apporte ici son secours, et non l'ombre. N'importe le moyen, le but est atteint: la loi de variété avec analogie est observée; et, du reste, ne sait-on pas que le noir et le blanc produits par le crayon, comme par le burin, traduisent avec une fidélité étonnante les effets de la couleur avec lesquels ceux du clair-obscur ont la plus grande affinité ?

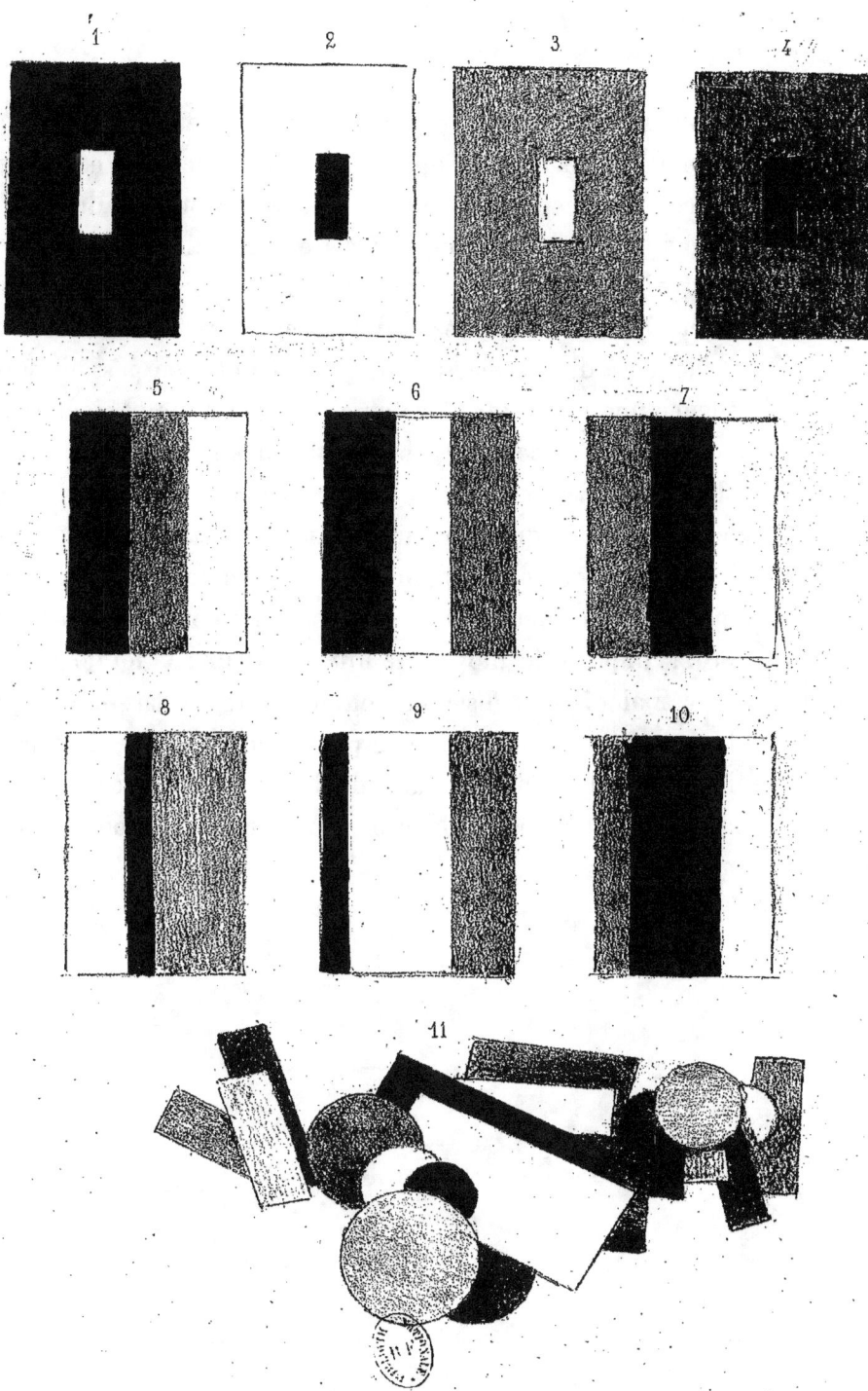

Pl. XIII.

la puissance variée des moyens dont on peut disposer dans cette partie de l'art, en appliquant avec exactitude et intelligence les préceptes que nous venons d'exposer tant avec la plume qu'avec le crayon. Par cette application, l'artiste peut rendre intéressant le moindre objet, il peut présenter le même sujet avec des caractères et des effets très-différents.

Nous ne devons pas terminer ce chapitre en passant sous silence une observation critique à laquelle pourraient donner lieu les accessoires des figures dessinées sur la Planche XVIII. Ces accessoires, velours, rubans, produisent le ton le plus intense qui apparaisse dans le sujet, et cela non par l'effet des ombres, mais par celui de leur ton local; de sorte que c'est la couleur qui apporte ici son secours, et non l'ombre. N'importe le moyen, le but est atteint: la loi de variété avec analogie est observée; et, du reste, ne sait-on pas que le noir et le blanc produits par le crayon, comme par le burin, traduisent avec une fidélité étonnante les effets de la couleur avec lesquels ceux du clair-obscur ont la plus grande affinité?

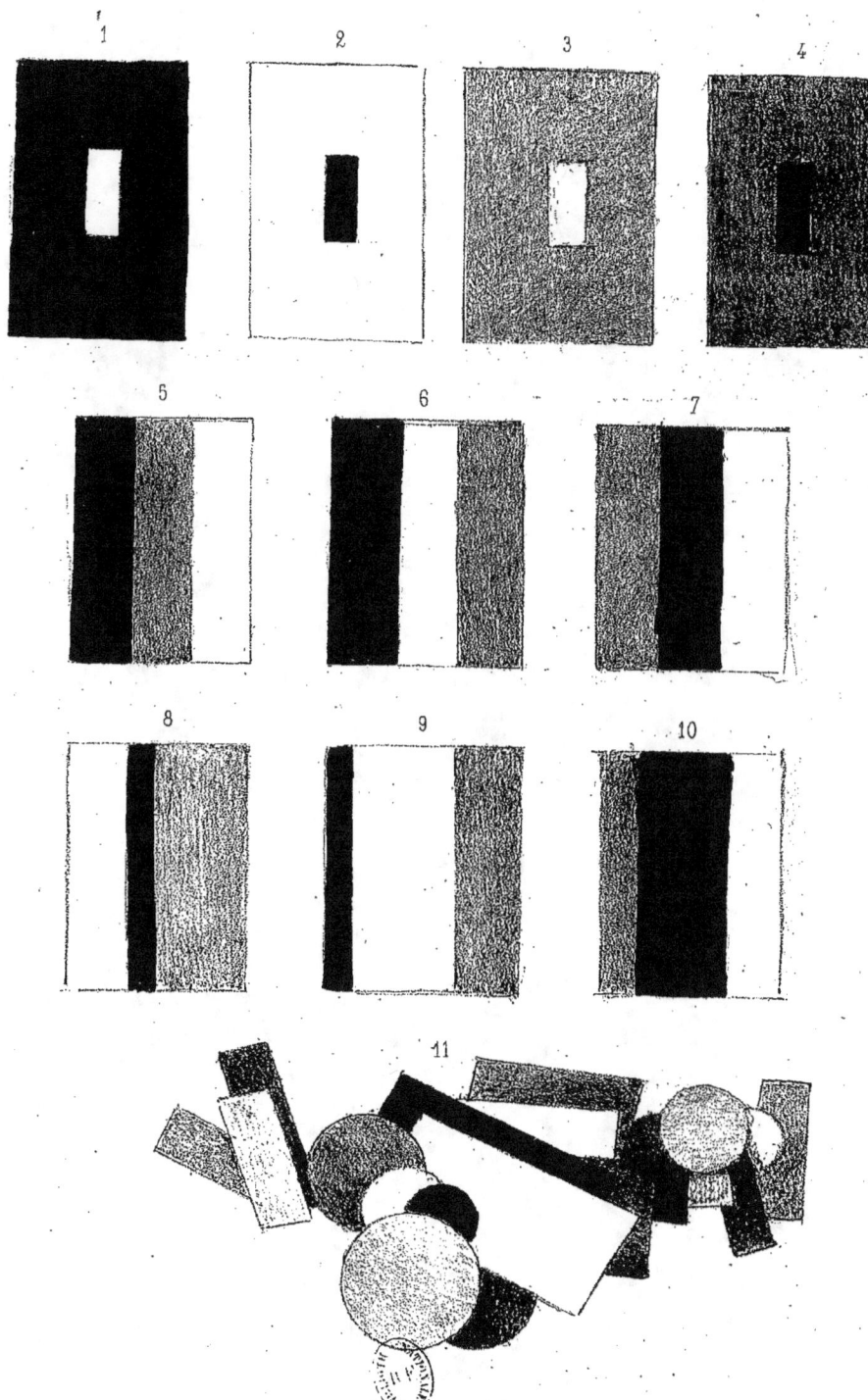

Pl. XIII.

Pl. XIV

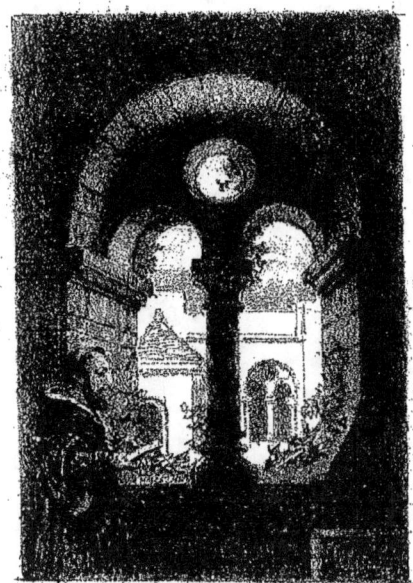
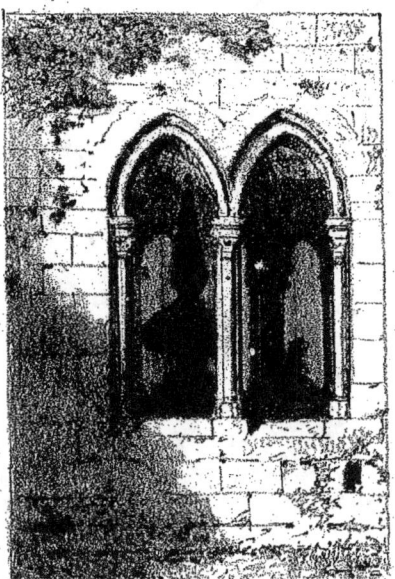
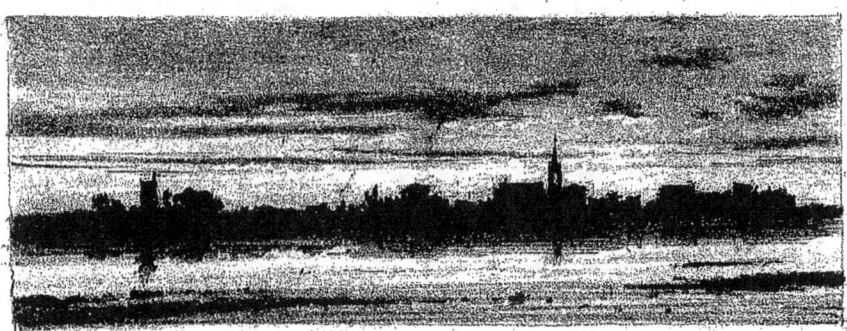
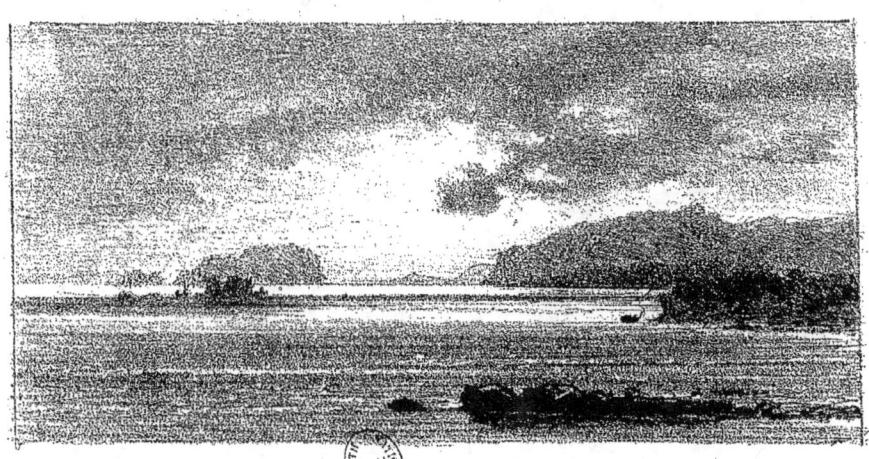

Lith. Boehm & fils, Montp.

Pl. XV.

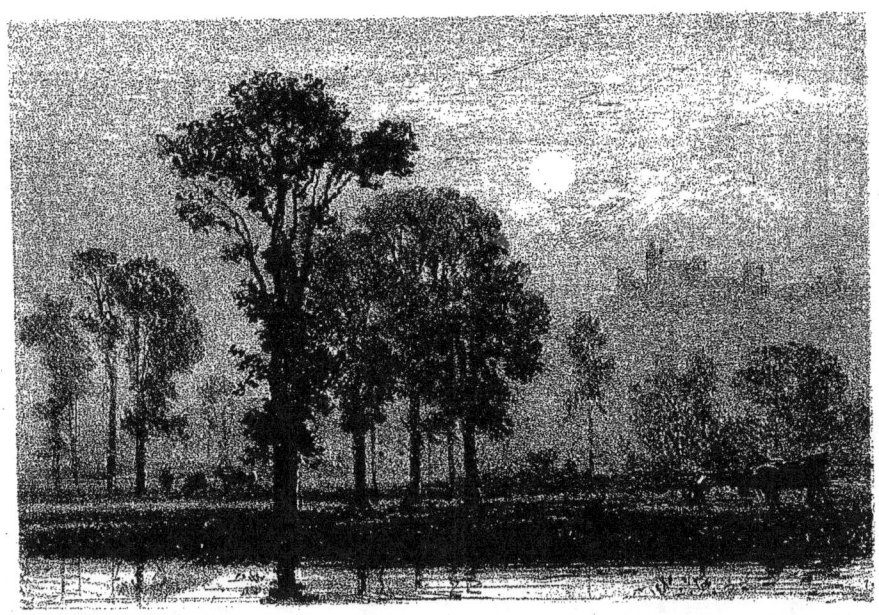

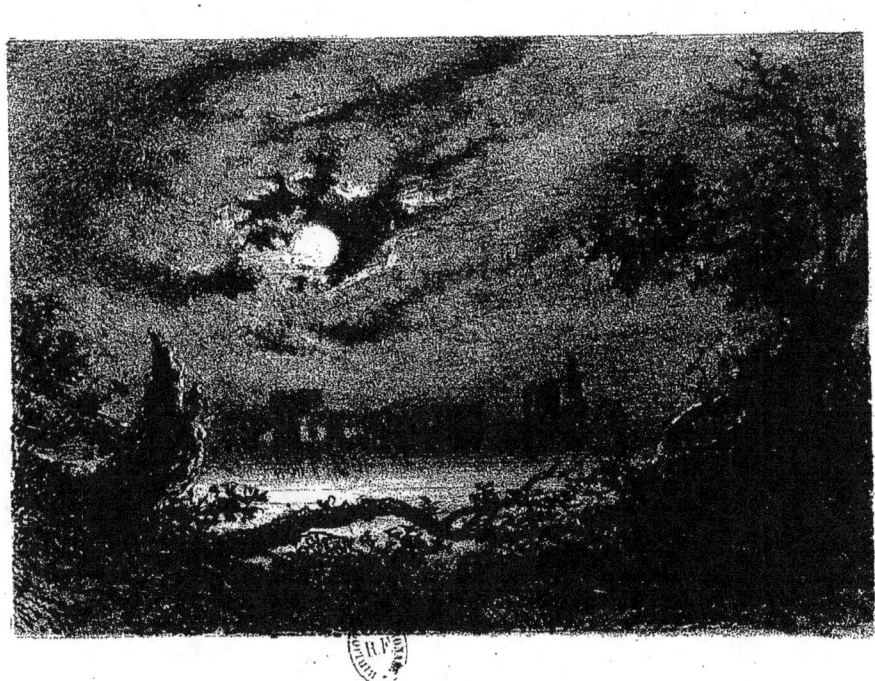

Lith. Boehm & fils. Montp.

Pl. XVI.

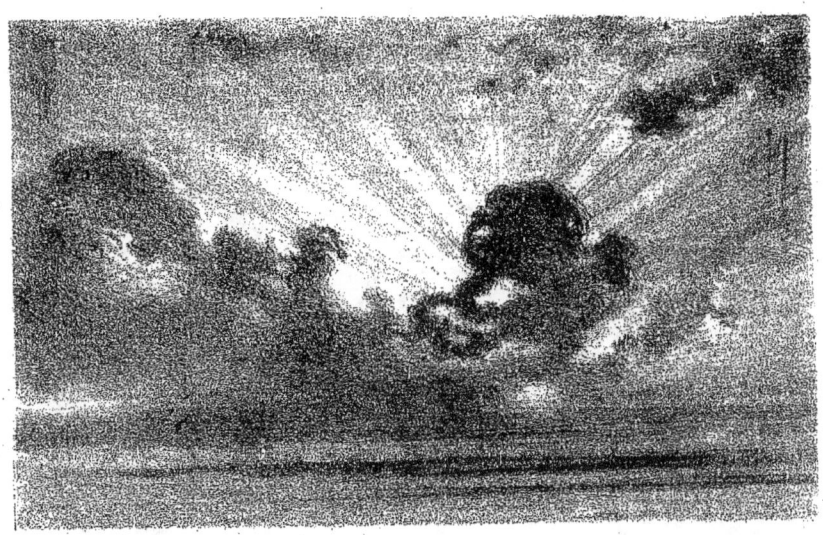

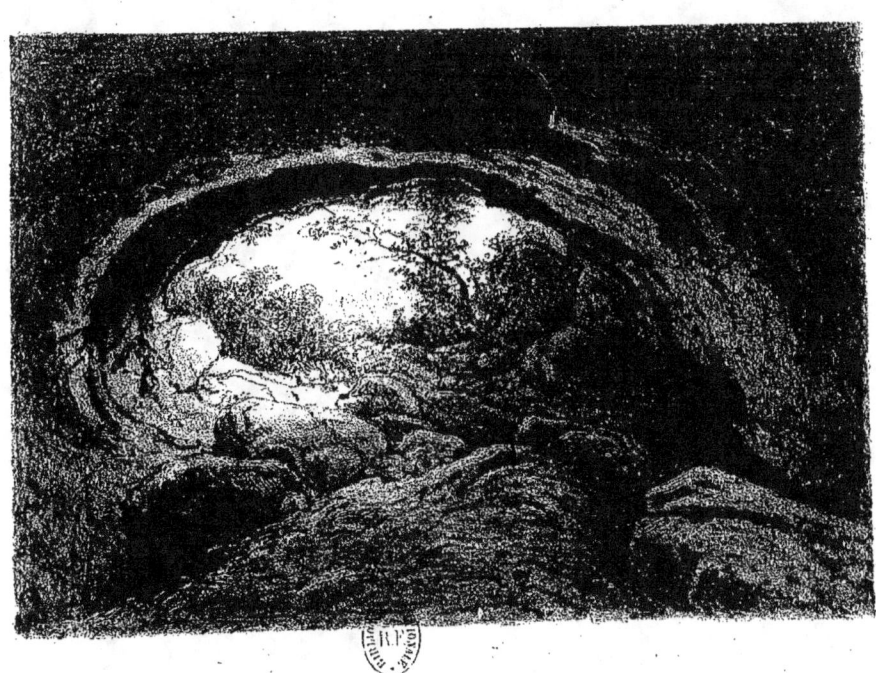

Lith. Boehm & fils, Montp.

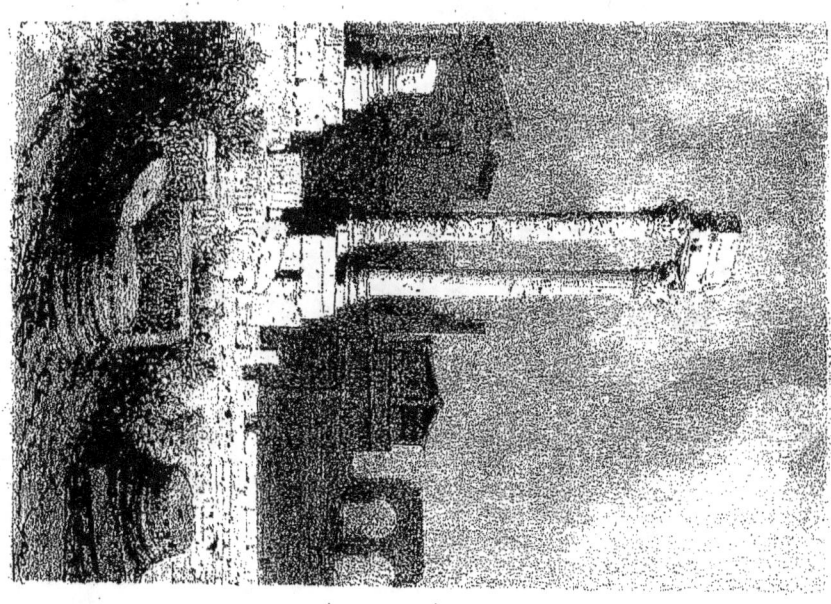

Lith Boehm & fils Montp.

Pl. XVII.

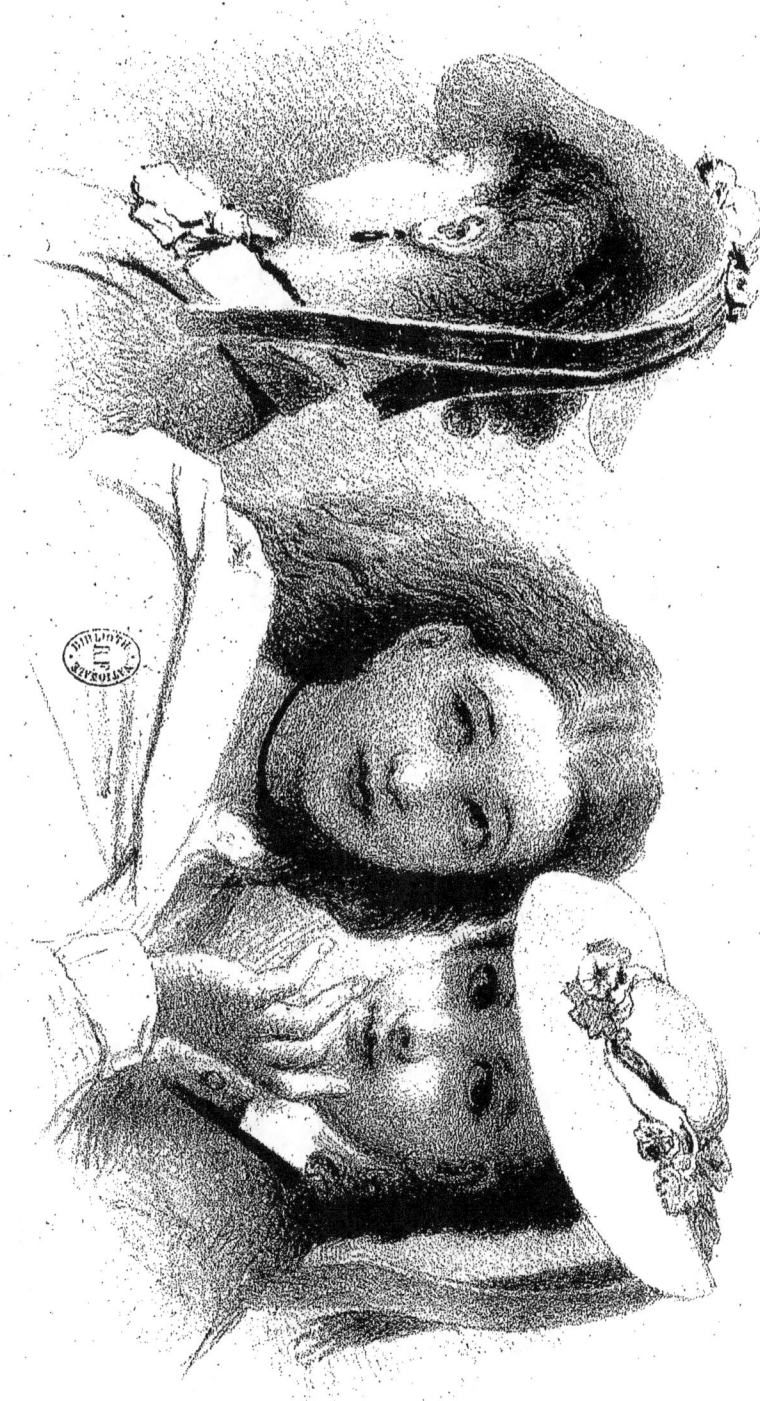

Pl. XVIII

CHAPITRE TROISIÈME.

DE LA COULEUR.

Comme le simple trait qui précise les contours, et comme les teintes d'ombre et de lumière qui expriment le relief et la profondeur, la couleur nous fait connaître la nature et les qualités des objets qui frappent nos regards. Elle a, en outre, d'autres valeurs, celle d'abord de nous affecter par une expression qui lui est propre et indépendante de toute considération étrangère. Chaque couleur semble avoir une relation avec notre tempérament ou avec l'état de notre âme, et ce n'est pas par l'effet d'une convention que le noir est triste, que le blanc est l'expression de la candeur, que le rouge répond aux idées de force, etc. Ne préférons-nous pas telle couleur à telle autre? Qui pourrait ne pas croire, en voyant les couleurs brillantes de tant d'animaux, que leur charme n'agit pas sur ces êtres inférieurs : ne pourrait-on pas aller même jusqu'à soupçonner que les robes de noces, si brillantes, données aux plantes, n'ont pas été données à ces êtres doués de vie et de sensibilité pour le seul plaisir des yeux de l'humanité? La couleur charme l'enfance, et c'est un cadeau qui lui est bien cher que celui d'une boîte de couleurs pour l'aquarelle. Les gens de la campagne, qui restent toute leur vie des enfants, faute d'éducation, ne comprennent guère le mérite d'un simple dessin, et ils préféreront toujours une image coloriée à une gravure de Marc-Antoine ou d'Albert Dürer.

Au reste, pour tout le monde, la couleur a un attrait, un charme et une séduction incontestables. Elle est dans la peinture ce qu'est l'orchestration dans la musique.

Par sa propriété d'exprimer divers caractères, par son charme intrinsèque, la couleur constitue un des plus puissants moyens qui soient au service de l'artiste peintre, en même temps que tant d'hommes, tant de femmes, tant d'animaux en profitent pour plaire aux autres et à eux-mêmes.

Mais, comme pour les rapports de formes, de lumière et d'ombre, il y a des relations de couleurs qui augmentent leur effet; il y a, en un mot, l'harmonie, une harmonie qui a ses lois, et c'est à la recherche de ces lois que nos études sont destinées.

Pour la plus grande intelligence de ce que nous aurons à examiner, alors surtout que les difficultés d'exécution nous privent de parler avec le pinceau et les pigments colorants, comme nous avons parlé jusqu'ici avec le crayon, nous devons rappeler des faits connus presque de tout le monde, à savoir : qu'il existe trois couleurs dites primitives, comme l'on dit en chimie corps simples, c'est-à-dire qu'elles ne sauraient être produites par le mélange des autres. Ces couleurs sont le rouge, le jaune et le bleu. Elles sont considérées, théoriquement, comme *complémentaires* les unes des autres. Par leur mélange, on peut obtenir, de combinaison, toutes les couleurs connues.

Par le mélange binaire des couleurs primitives, on en obtient trois autres. C'est par le mélange du rouge et du jaune qu'on obtient l'orangé; le bleu et le jaune donnent le vert, et le rouge et le bleu donnent le violet. Ces mélanges, selon la proportion de quantité relative des couleurs primitives qui les composent, peuvent produire une quantité très-variée d'orangé, de vert et de violet.

Ces mélanges binaires donnent des couleurs encore assez franches et assez brillantes; mais à l'instant où l'on introduit la troisième couleur dite *complémentaire*, c'est-à-dire du bleu dans de l'orangé, du rouge dans du vert, du jaune dans du violet, l'éclat du mélange binaire est terni, il se produit des gris ou des bruns. Si l'on tourne rapidement une roue ou une surface quelconque sur laquelle auront été posées les trois couleurs primitives, l'œil n'a d'autre sensation que celle du gris. C'est par l'emploi des mélanges ternaires, dont le nombre des combinaisons est infini, que le peintre tâche de reproduire toutes les nuances en nombre encore plus infini dont la nature lui offre le modèle.

Ne pouvant offrir à nos lecteurs des planches convenablement coloriées pour montrer aux yeux les faits que nous exposons, nous les engageons à expérimenter eux-mêmes à la recherche des gris, des verts, des noirs plus riches, plus harmonieux que ceux donnés par des pigments ayant naturellement ces couleurs. Citons pour exemple le gris. On sait qu'en délayant dans de l'eau un peu d'encre de Chine ou du noir d'ivoire, on obtient cette couleur dans des tons plus ou moins intenses, suivant la quantité d'eau employée. Mais on obtiendra un gris bien préférable si avec le bleu de cobalt, par exemple, on mêle des orangés (*Light-red* ou *red-Lead*), qui sont formés des deux couleurs complémentaires du bleu. Avec des laques, de l'indigo et un brun chaud, représentant avec intensité les trois couleurs primitives, on obtient de bien meilleurs noirs qu'avec les seuls pigments naturellement noirs. On peut du reste et on doit atténuer la crudité des pigments naturels par l'addition d'une autre ou de plusieurs autres couleurs.

Passons à un autre phénomène, celui des reflets des couleurs. Si l'on met, en face du côté ombré d'un corps de couleur blanche, un corps de couleur jaune, l'ombre du corps blanc reçoit un reflet jaune bien marqué.

Pareil phénomène se manifeste n'importe avec quelle autre couleur. Il est à remarquer également que si l'on fait projeter sur les ombres d'un corps bleu des rayons lumineux partant d'un corps jaune, par conséquence du principe ces ombres prendront nécessairement une couleur verte; et, attendu qu'il en est de même pour les rapprochements de toutes les couleurs diverses, il s'ensuit que tous les corps éclairés s'influencent réciproquement, et que leur couleur locale propre se neutralise. De là ce précepte : de rompre plus ou moins les couleurs de la palette, auxquelles, en effet, rien d'aussi cru ne répond dans la nature, qui est toujours si admirable dans ses effets de couleur harmonieux.

A côté de ce phénomène des reflets, il y en a un autre très-utile à connaître relativement aux influences de rapprochement, et celui-ci, tout le monde ne le connaît pas, ou du moins n'en analyse guère les causes.

L'apparence d'une couleur est modifiée par une autre couleur mise à côté. L'une semble ajouter à l'autre ses complémentaires. Ainsi, un morceau de papier bleu, placé à côté d'un autre morceau de papier jaune, fera paraître ce dernier orangé, tandis qu'il paraîtrait vert si le premier était rouge. Si l'on met diverses couleurs en contact avec du blanc, on verra l'effet se produire très-distinctement. Ainsi, l'approche du bleu donnera une teinte jaune chaude au blanc, tandis que si le contact du blanc avait lieu avec du jaune orange, le blanc prendrait un aspect bleuâtre.

Nous avons vu ce phénomène se produire d'une manière qu'on pouvait appeler violente : nous étions dans un atelier de photographe, regardant coucher le soleil à travers les vitres jaunes de l'atelier. Nous recevions donc dans les yeux une lumière jaune orange des plus vives. Puis, reportant la vue dans l'intérieur de l'atelier, tout nous y parut du plus beau bleu d'outremer. L'illustre poète Gœthe, philosophe en toutes choses, avait remarqué ce fait; Eugène Delacroix également, et en a tiré grand parti dans sa pratique. Voici ce que raconte M. Charles Blanc à ce sujet: « Occupé un jour à peindre une »draperie jaune, Eugène Delacroix se désespérait de ne pou- »voir lui donner l'éclat qu'il aurait voulu, et il se disait: »Comment donc s'y prennent Rubens et Véronèse pour »trouver de si beaux jaunes et les obtenir aussi brillants? Là- »dessus il résolut d'aller au musée du Louvre, et il envoya »chercher une voiture. C'était vers 1830. Il y avait alors dans

»Paris beaucoup de cabriolets peints en jaune serin, et ce fut
»un de ces cabriolets qu'on lui amena. Au moment d'y
»monter, Delacroix s'arrêta court, observant, à sa grande sur-
»prise, que le jaune de sa voiture produisait du violet dans
»les ombres. Aussitôt il congédia le cocher, et, rentré chez lui
»tout ému, il appliqua sur-le-champ la loi qu'il venait de
»découvrir, à savoir : que l'ombre se colore toujours légère-
»ment de la complémentaire du clair.»

De là ce précepte, connu et appliqué bien avant Delacroix :
de faire chaudes les ombres des couleurs froides, et froides
les ombres des couleurs chaudes, c'est-à-dire les premières
rousses et les secondes bleuâtres.

Après avoir exposé tous ces faits établissant les actions et
effets réciproques des couleurs, cherchons à en faire des applications utiles au but de l'art, qui est la beauté pittoresque.
Cette beauté est produite, comme dans la forme et dans le
clair-obscur, par la variété avec analogie produisant l'unité; en
d'autres termes, l'harmonie.

Il n'y a harmonie entre plusieurs couleurs qu'autant qu'il
y a mélange de l'une ou des unes avec les autres. Est-ce à
dire que le vert, par exemple, soit toujours harmonieux avec
le bleu? Cela dépend de la quantité relative des composants
du vert. Ainsi, il y a harmonie si c'est ce qu'on appelle vert
d'eau, et il n'y a pas harmonie si c'est un vert pomme ou un
vert olive dans lequel le jaune domine.

Une conséquence immédiate à tirer de ce fait que, pour
qu'une couleur soit en harmonie avec une autre, est celle-ci:
que le blanc, qui est théoriquement la réflexion de tous les

rayons lumineux, et que le noir, les gris, les bruns, qui pratiquement et matériellement sont produits par le mélange des trois couleurs primitives, doivent être en harmonie avec toute autre, attendu qu'elles contiennent une partie de cette autre, quelle qu'elle soit, et c'est en effet ce que l'expérience nous prouve.

La puissance d'éclat des couleurs est produite par les mêmes lois que celle du clair-obscur; aussi ne suffit-il pas de mettre en contact des couleurs éclatantes pouvant avoir entre elles une certaine harmonie. Il faut encore que la distribution des couleurs claires, lumineuses, réponde à la distribution des lumières; que celle des couleurs d'un ton modéré prenne la place des demi-teintes, et que les couleurs foncées prennent la place des ombres, de telle sorte qu'il y a, pour les tons de toutes les couleurs, un clair-obscur spécial seulement nuancé, soumis aux mêmes principes que le clair-obscur sur les corps monochromes, et le principe de Reynolds s'y applique entièrement. Ainsi, il doit y avoir pour chaque couleur trois points différents par la quantité d'espace occupé, par l'intensité et par la pureté; en d'autres termes, qu'une couleur ne doit jamais être seule, et qu'elle doit être rappelée et avoir ce qu'on peut appeler son écho. Les ouvrages du Titien, de Murillo, de Rembrandt et de beaucoup d'autres sont des démonstrations éclatantes et irrécusables de ces principes.

Ces mots de variété, d'analogie, sont les équivalents de ceux de rappel, d'écho, d'influence réciproque.

Les cas d'analogie double ou triple dans la forme, dont nous avons parlé pag. 13, se présentent dans le coloris. Ainsi, on peut avoir à figurer dans un sujet des objets de couleur jaune, bleue ou rouge. Eh bien! chacune de ces couleurs doit avoir son rappel dans d'autres parties du sujet. Ainsi, dans un paysage, une figure vêtue de bleu peut avoir le rappel de cette couleur dans le ciel; une maison ou un rocher teinté par les rayons jaune orange d'un soleil couchant, peut avoir son rappel dans les nuages colorés par les mêmes rayons. Van Dyck, dans le portrait d'un cardinal vêtu de couleur écarlate, a placé, pour avoir un écho sur la table du modèle, des lettres cachetées avec de la cire de la même couleur. C'est le plus souvent pour avoir ce qu'on pourrait appeler un diapason, un foyer d'intensité d'éclat ou point de comparaison dans le coloris, qu'on introduit des figures dans un paysage, et non, comme l'on dit vulgairement, pour l'animer, ce qui, à notre avis, n'a pas un sens très-clair.

Comme dans la *forme*, il ne faut pas abuser de la *variété* dans le coloris; on risquerait sans cela, sinon de produire l'effet d'un habit d'Arlequin, du moins un effet sans style. Que l'effet soit cherché dans des couleurs chaudes ou dans des couleurs froides, la simplicité est toujours le moyen qui conduit à l'unité et à l'harmonie, but et moyen dans toutes les parties de l'art.

Les difficultés de produire des chromo-lithographies présentant la justesse, la variété, le plus ou moins de neutralité des tons des différentes couleurs, nous empêchent de joindre à ce chapitre un nombre de Planches nécessaire pour affirmer, d'une manière bien plus frappante que la parole, tout ce que nous avons dit sur les règles du coloris.

Cependant, ne voulant pas laisser passer ce chapitre sans mettre sous les yeux quelques exemples frappants de ces règles, nous avons dessiné et colorié en partie quatre Planches qui, malgré l'imperfection de la couleur, donneront quelque satisfaction à nos intentions et diminueront le regret que nous éprouvons de ne pouvoir donner mieux.

Nous disions tout à l'heure qu'il ne fallait pas abuser de la variété dans le coloris, et nous recommandions, en cela comme en toute autre chose, la simplicité, qui mène à l'unité. La nature nous donne à cet égard des exemples permanents. Voyez un coucher du soleil : tout prend une teinte jaune orange ou rouge, tandis que par la pluie ou par le brouillard, tout est gris. Après la nature, le plus grand maître que nous puissions consulter comme exemple d'harmonie, c'est Claude Lorrain. C'est lui, nous disait une fois Jules Dupré, qui vient tout de suite après le bon Dieu. Or, ceux qui ont l'avantage de la proximité n'ont rien de mieux à faire que d'aller au Louvre, dans la galerie française : les nombreuses toiles de Claude Lorrain, quoique recouvertes d'un sale vernis, leur donneront une excellente leçon. Quant à ceux qui ont le malheur de n'être pas à portée de consulter ces chefs-d'œuvre, ils devront se contenter avec résignation de nos deux Planches XIX et XXII, imprimées sur des teintes différentes et offrant le même sujet, présenté une fois avec une harmonie chaude et une autre fois avec une harmonie froide.

La Planche XX offre deux sujets bien préparés par le clair-obscur pour recevoir un bon coloris. Les chairs se présentent trois fois, tête, bras et jambes, pour recevoir la couleur dans des surfaces et dans des tons différents. Le chapeau de paille a son écho dans le jupon et dans la végétation, qui devrait être, dans ce cas, d'un vert jaunâtre. Enfin, le rappel du blanc par le linge est encore une satisfaction donnée à la science du pittoresque.

L'autre figure à droite pourrait être teintée par des couleurs froides. A cet effet, le jupon serait de couleur bleue, et le ciel gris teinte neutre. La végétation devrait être vert froid tenant du noir, et le rocher purement gris. Enfin, dans cet entourage, les chairs ne devraient être ni brunes ni rousses, mais rosées et fraîches.

La planche XXI offre, dans la figure en costume provençal, un bon exemple de rappel de tons et de couleurs. Nous dirons, en profit de l'occasion, que c'est plutôt à l'instinct de l'harmonie dans le coloris qu'à leur vraie beauté que les femmes d'Arles ont dû une réputation de beauté qui s'est étendue fort au loin, témoin le *Dictionnaire allemand des beaux-arts* (*Conversations-Lexicon für bildende Kunst*, Leipsik, 1845), dans lequel on trouve l'article: *Frauen von Arles*. L'auteur de cet article affirme que l'existence d'une Arlésienne laide est un fait rare. Cet auteur est par trop galant; mais ce qui est un fait rare à observer dans la Provence, c'est l'assemblage de couleurs discordantes dans le costume. Au reste, quelle que soit la cause de la fascination exercée par les Arlésiennes, cette fascination est réelle, et nous pourrions exhiber par centaines des études qui prouveraient que nous n'avons pas méconnu la valeur pittoresque des *Frauen von Arles, di galanti chatto d'Arles*, dans leur langue, qui est la nôtre.

La tête placée à gauche dans notre même Planche, offre de bons rappels de tons blancs, noirs et gris ; elle devrait, pour la meilleure harmonie possible avec la couronne de lierre, qui est nécessairement verte, être accompagnée d'une robe plus ou moins foncée qui participerait du vert. Cette robe pourrait tout aussi bien être blanche, noire, grise, brun foncé, attendu que ces couleurs, étant (comme nous l'avons déjà dit) différentes de toutes les autres, sont nécessairement harmonieuses avec les autres, prises ensemble ou séparément.

Si, parmi les divers genres de peinture, il y en a un qui demande une observation réfléchie des règles prescrites pour l'harmonie du coloris, c'est certainement celui de la peinture des fleurs. C'est ici qu'il faut bien se souvenir que le rapprochement des couleurs primitives est discordant, et qu'en conséquence on ne doit pas mêler des fleurs bleues ou violettes, telles que les Campanules, les Myosotis, les Celestina, avec des Soucis, des Jonquilles, des Boutons d'or ou des Coréopsis, dont la fleur est jaune. Il faut aussi penser aux artifices du clair-obscur pour obtenir des effets brillants, car l'éclat et la pureté des couleurs des fleurs est une difficulté qui paraît invincible, si l'on compare à cet éclat l'impureté ou la faiblesse des couleurs matérielles (pigments) employées dans la peinture. C'est par ce rapprochement des teintes les plus intenses avec les plus claires qu'on peut les faire paraître réciproquement plus brillantes. Il est bien entendu que, le blanc étant la couleur la plus lumineuse et la plus harmonieuse avec toutes les autres, il sera toujours bon d'introduire des fleurs blanches dans un groupe.

Attendu que l'harmonie ne doit pas exister seulement dans la couleur, mais qu'elle est tout aussi nécessaire dans la forme, nous reviendrons aux Fleurs au chapitre de la Composition. Voir, en attendant, Planche XXIII, sur laquelle l'intensité des tons gris ou noirs, donnés par le crayon seul, indique l'intensité des tons verts, bleus, rouges et violets qu'ont dans la nature les fleurs représentées. Ces petits bouquets, qui sont pour ainsi dire exécutés suivant la formule donnée en fiches et en jetons au bas de la Planche XIII, prouvent que le clair-obscur et la couleur sont deux parties de l'art qui se touchent de bien près.

Pl. XIX.

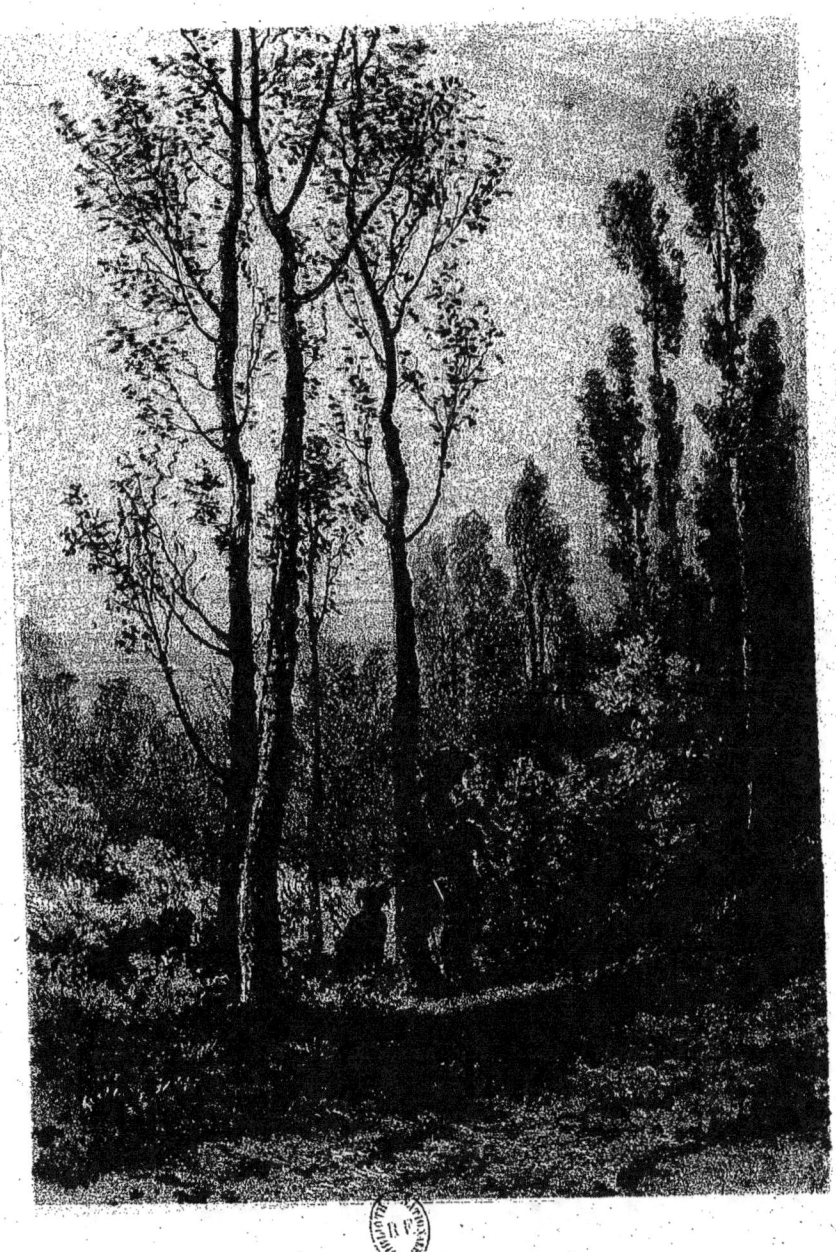

Lith. Boehm & fils, Montp.

employées dans la peinture. C'est par ce rapprochement des teintes les plus intenses avec les plus claires qu'on peut les faire paraître réciproquement plus brillantes. Il est bien entendu que, le blanc étant la couleur la plus lumineuse et la plus harmonieuse avec toutes les autres, il sera toujours bon d'introduire des fleurs blanches dans un groupe.

Attendu que l'harmonie ne doit pas exister seulement dans la couleur, mais qu'elle est tout aussi nécessaire dans la forme, nous reviendrons aux Fleurs au chapitre de la Composition. Voir, en attendant, Planche XXIII, sur laquelle l'intensité des tons gris ou noirs, donnés par le crayon seul, indique l'intensité des tons verts, bleus, rouges et violets qu'ont dans la nature les fleurs représentées. Ces petits bouquets, qui sont pour ainsi dire exécutés suivant la formule donnée en fiches et en jetons au bas de la Planche XIII, prouvent que le clair-obscur et la couleur sont deux parties de l'art qui se touchent de bien près.

Pl. XIX.

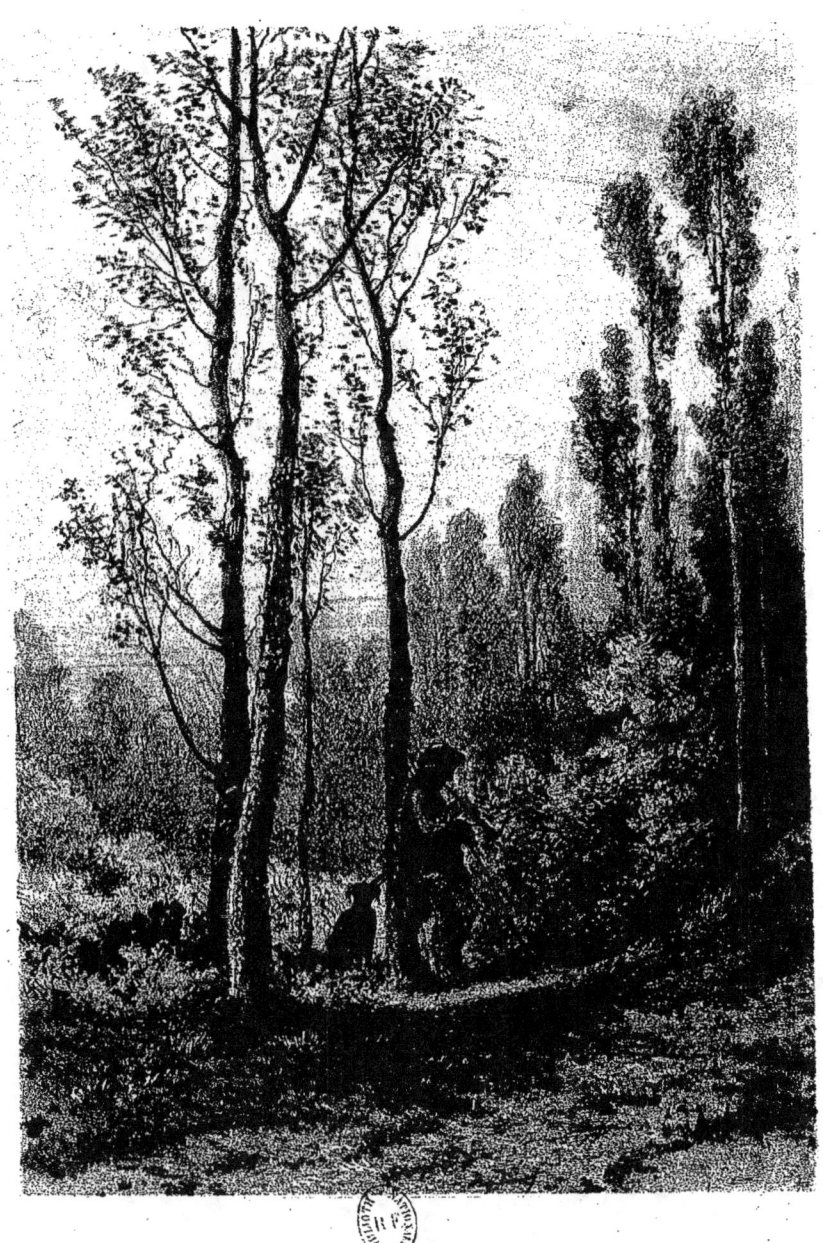

Lith. Boehm & fils. Montp.

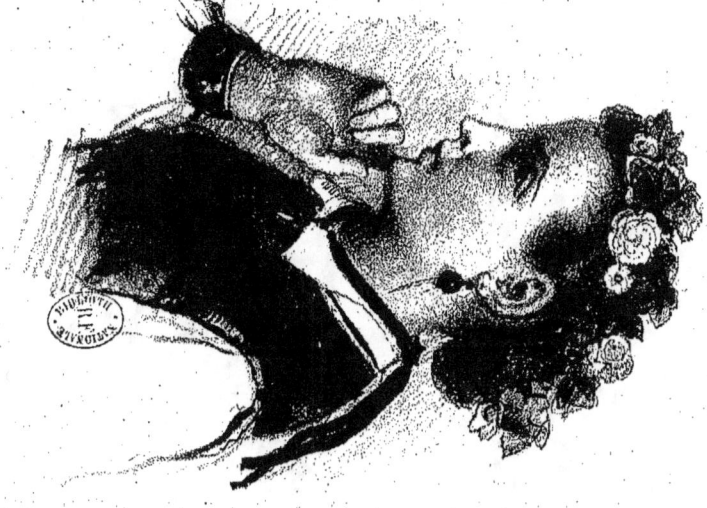
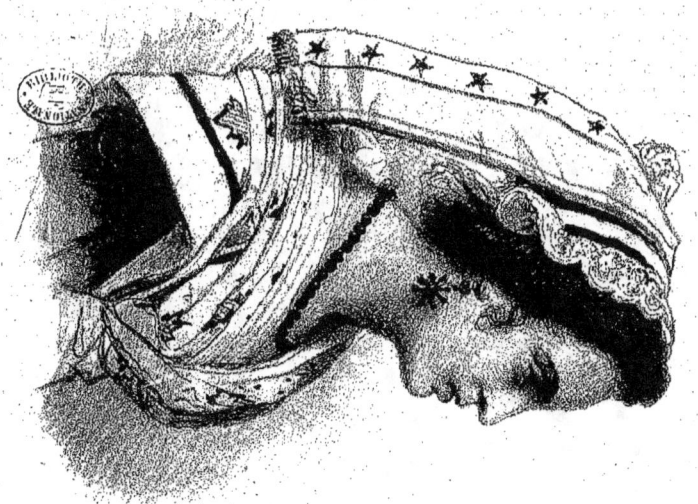

Pl. XXI.

Pl. XLII.

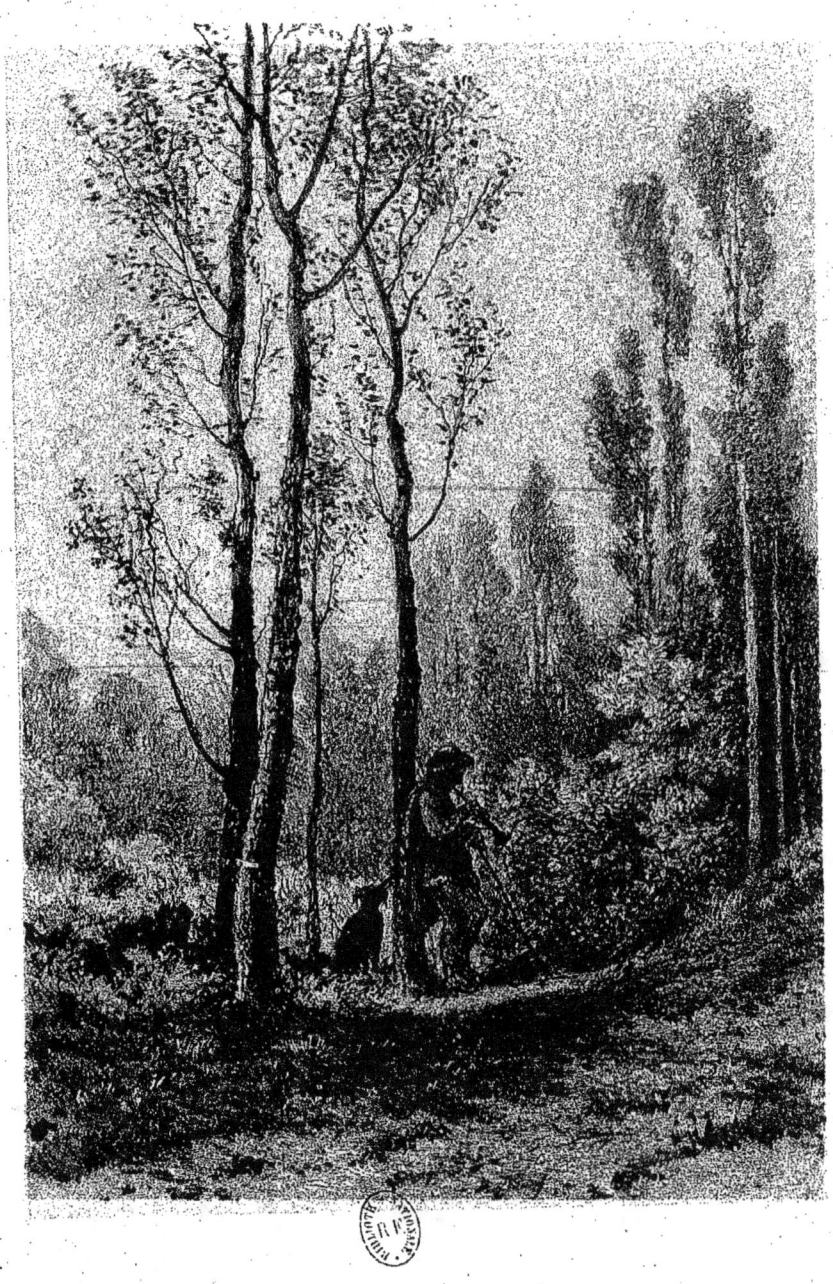

Lith. Boehm. & fils. Montp.

CHAPITRE QUATRIÈME.

LA NATURE, L'ART, L'IDÉAL, LE STYLE.

> Wie sehn'ich mich, Natur, nach dir,
> Dich Treu und Liebe zu fühlen !
> Ich zittre nur, ich stottre nur,
> Und kann es doch nicht lassen;
> Ich fühl', ich kenne dich, Natur,
> Und so muss ich dich fassen.
>   GOETHE.
>
> O Nature, combien j'aspire à toi, à te sentir avec amour et fidélité ! Je ne fais que trembler, je bégaie seulement, et cependant je ne puis te laisser. Je le sens, je te connais, ô Nature, et alors je dois te comprendre.

Prise comme ensemble des corps qui composent l'univers, comme la puissance des forces et des lois qui le régissent physiquement et moralement, la Nature est pour le savant, pour le philosophe et pour le poète une source intarissable d'observations, d'études, de méditations et d'inspirations. Pour les peintres, elle est aussi une mine inépuisable de matériaux et d'émotions. Tous l'invoquent, tous l'interrogent, tous lui demandent la leçon et l'inspiration, et beaucoup aussi, sentant l'impuissance de leurs moyens, se désespèrent en présence de tant de force, de tant de grâce, de tant d'éclat et de tant d'harmonie.

Toutefois, au point de vue de nos études, la nature doit être considérée spécialement comme ensemble ou détail de formes, de couleurs et d'effets. En abordant ces études, sachons bien que l'imitation de la nature n'est pas le but de l'art, mais seulement le moyen, tout en reconnaissant que cette pure imitation, appliquée à certains sujets, natures mortes ou portraits, étant obtenue avec habileté, suffit dans ce cas pour donner un valeur considérable à l'œuvre de l'artiste; et c'est justice, car cette habileté n'est pas le lot de tout le monde. Par contre, disons que le mérite d'imitation n'entre parfois absolument pour rien dans la somme d'admiration que nous causent diverses choses ou œuvres d'art, telles que les ornements d'architecture, ceux d'un mobilier luxueux, toute l'ornementation orientale, arabe, dans laquelle la représentation des objets réels de la nature, figure humaine ou plantes, non-seulement n'entre pour rien, mais encore est interdite par le dogme religieux. Et qui dirait cependant, en voyant certaines étoffes, certains vases, certains ornements d'architecture, que cet art n'est pas ravissant, bien que resserré dans d'étroites limites? Toutes les fantaisies des arabesques grecques, romaines ou modernes, toutes ces sirènes, ces sphinx, ces centaures, tous ces mensonges créés par l'imagination, dans divers temps et chez divers peuples, les rejetterez-vous hors du domaine de l'art?

Si l'imitation était son but, les peintres de nature morte, les faiseurs de ce qu'on nomme *trompe-l'œil*, seraient de plus grands maîtres que Poussin, Raphaël ou Michel-Ange. Cependant, pour peu qu'on ait le goût cultivé, on sent combien un croquis tracé de la main d'un maître est plus estimable qu'un tableau très-fini d'un mauvais peintre. On détourne ses regards avec dégoût de l'étalage d'un perruquier où posent ces figures en cire, colorées aux lèvres, aux yeux, aux joues, et coiffées de vrais cheveux, tandis que l'on contemple avec un charme infini un plâtre d'après un fragment de belle sculpture, quoique presque tout soit mutilé ou faux. Les panoramas, les dioramas avec leurs moyens étonnants de vérité et d'effet, les plaques daguerriennes avec leur miraculeuse exactitude de reproduction de tous les détails de la nature, n'ont diminué en rien l'admiration vouée aux œuvres des grands artistes.

Si l'imitation était le but de l'art, qu'importerait, lorsqu'on fait un portrait, de le poser de telle manière ou d'une autre! Une épreuve au daguerréotype, d'après une personne maladroitement posée, mal éclairée, mal costumée, ainsi que cela se voit si souvent, serait préférable à un portrait du Titien ou de Rembrandt.

Pour peindre un paysage d'après nature, il serait fort égal de se placer plutôt à un point de vue qu'à tel autre. Les vues des villes et châteaux, les vues des établissements de bains, tous ces *paysages-portraits* de stations thermales, seraient des œuvres bien plus dignes d'admiration que ceux du Poussin, de Cl. Lorrain, de Turner, qui imitent fort peu la nature dans certaines parties, qui ne sont jamais des portraits, mais seulement des arrangements de formes, de couleurs et de tons trouvés par leur goût, leur science et leur poétique imagination.

On sait d'une manière certaine que plusieurs grands maîtres, parmi lesquels je citerai Claude Lorrain, Nicolas Poussin, Jules Dupré, Decamps, n'ont presque rien peint d'après nature. Ils ont trouvé meilleur, sans doute, de la contempler et d'emporter dans leur atelier seulement leurs impressions. Les anachronismes, les erreurs de costumes et d'architecture, bien que mensonges évidents, diminuent bien peu le mérite des grands maîtres qui les ont commis.

Lorsqu'on a devant les yeux une œuvre des illustres paysagistes que nous venons de citer, examine-t-on s'il y a des saules, des chênes ou des hêtres bien imités? Nullement. Devant une scène égyptienne de N. Poussin, est-on bien malheureux de ce que les personnages sont habillés de costumes grecs?

A-t-on jamais préféré ces gothiques portraits de l'École allemande, dans lesquels on compterait les cheveux et les plus petits détails du costume, à ces portraits du Titien et de Tintoret, dans lesquels sont effacés tous ces minutieux détails?

Non certes, il faut le répéter, l'imitation n'est pas le but de l'art, elle n'en est qu'un des moyens. Mais loin de l'Orient, c'est-à-dire avec nos idées sur l'art, ce moyen est indispensable, et il est tellement difficile à acquérir, que l'artiste ne doit pas seulement faire de longues études pour le posséder, mais qu'il ne doit jamais cesser, dans toute sa carrière, de prendre la nature pour modèle et de lui emprunter tous les matériaux nécessaires à l'œuvre de son goût et de sa science.

La puissance d'imitation sert à l'artiste peintre ou sculpteur comme les mathématiques au physicien et à l'astronome, comme l'anatomie au médecin, ou plutôt comme l'harmonie et le contrepoint au musicien. Les successions de notes qui forment la mélodie, les mouvements de ces notes qui produisent les rhythmes, la simultanéité des sons qui constituent l'harmonie, sont des faits parfaitement analogues à ceux des mouvements de lignes, des rapports de tons et de couleur qui produisent la Beauté pittoresque.

Les objets de la nature se présentent à la disposition d'un peintre comme se présentent au musicien le clavier et les jeux d'un orgue. S'il connaît bien son art, il charmera l'oreille par de belles mélodies et par de superbes successions d'accords, alors qu'un ignorant, posant les doigts sur les touches du clavier, ne tirera que des sons qui séparément pourraient être agréables, mais dont l'ensemble n'aura aucun sens et ne sera pas ce qu'on appelle de la musique. Oui, un peintre qui peint un sujet doit faire un travail analogue à celui d'un musicien qui remplit les lignes d'une partition. La peinture n'est donc pas, comme l'on pense et comme l'on dit dans le monde, simplement un art d'imitation : elle est, tout autant que la musique, un art idéal, l'une et l'autre basées sur notre sensibilité à certains rapports de formes, de couleurs et de sonorités, rapports dont la loi est l'objet de nos études.

Or donc, il faut savoir comprendre, voir, choisir, combiner, ajouter, élaguer, rapprocher ou éloigner, en présence de l'immense magasin de matériaux que nous offre la nature. C'est ce *savoir* qui constitue l'art et l'artiste. S'il n'en était pas ainsi, il faudrait rayer du Dictionnaire ce mot ART qui n'aurait plus aucune signification, et c'est dans cet immense magasin que chacun trouve ce qui répond à son tempérament, à son goût, à son aptitude. Raphaël, comme Rembrandt, Claude Lorrain, comme Salvator Rosa, Guaspre, Poussin comme Hobema, Hippolyte Flandrin, comme Courbet, c'est-à-dire les artistes du goût et du tempérament le plus opposé, ont toujours trouvé dans la nature, répondant au caractère de leur talent, des modèles, des *objectifs* répondant à leurs *subjectifs*, pour nous servir d'une expression de la nouvelle philosophie allemande; montrons du reste, parmi des centaines que nous pourrions crayonner, un exemple frappant tiré d'un fait personnel et bien réel. Dans un petit village du Midi, dans une même rue, à la même heure, nous avons rencontré vivantes les deux têtes que nous avons dessinées le plus soigneusement possible et que nous reproduisons sur notre planche XXVII. Raphaël n'aurait certainement pas hésité à prendre la figure de jeune fille pour en faire une de ses divines madones, et Rembrandt aurait saisi le mendiant pour le peindre tel quel, ou bien pour en faire un Juif spectateur de quelque miracle de Jésus-Christ.

Ajoutons encore que, chaque artiste interprétant la nature selon sa manière de la sentir, Raphaël aurait fait un saint du Paradis ou un père de l'Église en ayant le mendiant pour modèle, alors que Téniers n'aurait fait qu'une joyeuse servante de cabaret en copiant la jeune fille*.

---

* Un jour, Hippolyte Flandrin rencontre dans la rue un individu n'ayant pas

Si l'on ne faisait aucun choix, on risquerait beaucoup de peindre des choses fort mal disposées et fort laides. Comment, peuvent dire quelques gens peu expérimentés, vous avez donc la prétention de corriger la nature, de faire mieux que n'a fait le bon Dieu? Eh! oui, répondrons-nous, tout comme nous avons la prétention, en posant avec choix les doigts sur le clavier d'un orgue, de faire entendre des accords superbes, alors que des doigts ignorants posés sur le même clavier ne feraient raisonner qu'un cri atroce, bon à déchirer les oreilles, tout comme nous avons la prétention de mieux chanter que le rossignol. Oui, il faut choisir, parce que la nature, là surtout où elle est gâtée dans sa beauté par la main de l'homme, n'est pas toujours dans les conditions de l'art. De même qu'à notre goût, la société ne nous offre pas des figures toutes belles, des costumes tous de bon goût dans leur forme et dans leur couleur; il y a des nuages, des montagnes, des arbres, des fabriques, des poses de figure qui ne sont pas acceptables par l'art. D'ailleurs, la beauté, la laideur ou l'insignifiance des objets rencontrés dans la nature tiennent souvent à la manière dont il sont éclairés ou du point de vue que choisit l'artiste.

Telle tête est admirable vue de profil, qui est insignifiante

---

la mine d'un homme très-cossu, mais dont la tête lui apparut comme un idéal de la figure du Christ. L'artiste obtint une séance de pose d'où sortit un dessin admirable, reproduit en fac-simile par le crayon lithographique de notre frère. Le modèle de ce christ n'était autre qu'un soldat garibaldien. C'est l'histoire des ânes de Topfer.

ou même laide vue de face; tel site qui ne dit rien au milieu du jour, devient superbe au coucher du soleil.

Après avoir vu que chaque artiste, quels que soient son genre et son goût, trouve dans la nature les matériaux qui lui conviennent, observons que chaque époque a fait choix de sujets répondant à ses idées dominantes. Au siècle de Louis XIV, c'était le règne du grandiose; au siècle suivant, c'était un faux genre pastoral et les scènes galantes. Puis est venu, avec David, le goût des sujets grecs et romains. De nos jours, il se produit des œuvres dans tous les genres et dans celui du paysage; on en voit de très-estimables, résultat d'une observation plus appliquée, plus assidue des beautés de la nature, qui semblent avoir échappé à l'attention des plus grands paysagistes anciens. Il est de fait qu'il ne faut pas toujours de grands arbres, de belles montagnes, des horizons profonds pour faire un tableau intéressant : un pan de mur, quelques troncs de bois couchés à terre, quelques pierres (Pl. XXX), un mauvais petit puits (Pl. XXXI), un tronc d'arbre renversé (Pl. XXVIII), quelques pièces de bois flottant sur l'eau (Pl. XXVIII), une mare, un filet d'eau glissant parmi des pierres moussues, un buisson, un animal, une fleur, et une tête humaine, seule surtout (V. Pl. XXIX), ces objets-là, s'ils sont traités par une main habile travaillant dans les conditions de l'art, peuvent fournir matière à des œuvres très-intéressantes, à des chefs-d'œuvre même. Qui ignore la valeur attribuée, dans les ventes, aux moindres œuvres d'un Ruysdaël, d'un Paul Potter, d'un Van Huysum? Qui ne sait qu'une tête d'Antinoüs de Messine, qu'on voit dans un coin du salon Carré, au Louvre, a été payée 100,000 francs*. Il faut dire que nous vivons dans un temps de réaction contre ce qu'on appelle le classique, et à tort le conventionnel. Nous sommes blasés sur le beau, sur le grand, sur le gracieux; et attendu qu'il faut toujours du nouveau, n'en fût-il plus au monde, l'attention, l'estime et le succès sont accordés à la vulgarité, à l'audace extravagante, à l'insignifiance, à la laideur; et cela s'appelle de la naïveté, de l'originalité, du sentiment, de la sincérité! Certes, nous disions tout à l'heure qu'on pouvait faire des chefs-d'œuvre avec des sujets et avec des objets qui n'ont pas un caractère grand ni poétique; mais nous croyons que les artistes qui ont choisi les plus beaux arbres, les ruines des grands monuments de l'antiquité, les plus beaux plis des draperies, les belles formes nues du corps humain, avaient tout autant de sentiment, d'émotion sincère, en présence de la nature, que ceux qui n'y ont trouvé de bon à peindre que des arbres maigres mal embranchés, ou que des figures ignobles. La beauté est une chose aussi réelle que la laideur; et parce que le monde que nous voyons passer devant nous est le monde tel que l'a vu l'habile caricaturiste Daumier, il ne s'ensuit pas qu'au milieu de ce monde il n'existe aucune figure semblable à celles sorties du pinceau de Raphaël.

Mettant de côté la question si importante du modèle, en supposant que le sujet soit déjà bien choisi et qu'il ne s'agisse plus que d'une imitation intelligente, ce qui est encore considérablement difficile, nous dirons à l'élève de porter d'abord

---

* Nous disons d'Antonello, de Messine.

son attention sur les masses plutôt que sur les détails, attendu que le principal caractère du modèle tient à la forme et à la disposition de ces masses. S'il s'agit d'un paysage, un effet de brouillard explique bien ce que nous recommandons. S'il s'agit d'une figure, il faut la supposer recouverte de trois ou quatre voiles de gaze dont la transparence laissera voir les masses et supprimera les détails. On enlèvera successivement les gazes au fur et à mesure que le travail de copie avancera.

Par ces moyens, on ne tombera pas dans le défaut si général des commençants : de faire des ombres trop noires, d'exagérer les reflets, de ne pas donner à certaines parties les demi-teintes ou valeurs de ton qui établissent l'apparence de la solidité et du relief.

Les commençants vont ordinairement ou trop vite ou trop lentement dans leurs études d'après nature. Si c'est trop vite, on rend mal les mérites pittoresques du modèle, qui, ayant été bien choisi, doit être scrupuleusement imité; et s'il va trop lentement, le modèle se fatigue s'il est vivant, et l'effet d'ombre, de lumière et de couleur change si le modèle est un paysage ou un intérieur d'architecture. Il y a d'ailleurs souvent dans la nature des parties qui ne réclament pas la même attention. Dans tous les cas, le choix à faire de ce qui mérite plus ou moins d'attention et d'exactitude est une faculté de l'intelligence qui ne se développe que dans une longue pratique. Dans toutes les occasions, il faut se tenir en garde contre cette habitude d'une main adroitement libre qui donne pour résultat ce qu'on appelle le *chic*. Cependant, lorsque la main est servie, enhardie par une science profonde et par un grand sentiment artistique, ce résultat ne s'appelle plus de ce mauvais nom de *chic* : on dit alors *la touche* de Rembrandt, de Rubens, de Ribera, etc. Disons encore qu'il y a eu et qu'il y aura toujours certains chics intéressants, malgré leur peu d'égard pour l'exactitude d'imitation de la nature : ce qui est une preuve qu'en peignant, l'artiste produit principalement une symphonie pittoresque, résultant de l'harmonie de certaines formes et de certains tons ou espèces de couleurs, bien que ces formes et ces tons de couleurs et d'ombre ne soient pas des imitations rigoureuses de la nature.

Au commencement des études hors de l'atelier, on trouve difficilement des modèles et des sujets là où, devenu habile, on en trouvera dans une trop grande abondance. Une fois l'expérience et l'habileté acquises, l'artiste n'ira pas dans la campagne sans trouver plusieurs sujets d'études ; et s'il traverse une rue, un marché, il y verra nombre de têtes qu'il voudrait emmener dans son atelier. C'est que, savoir juger de ce qui est propre à l'art, et savoir appliquer cet art à la nature, est une faculté plus longue à acquérir que l'habileté du crayon et du pinceau. Aussi l'on peut dire que lorsqu'on est arrivé à pouvoir bien juger, on sait bien exécuter, et c'est bien de ce fait qu'on peut dire, avec Boileau :

Ce que l'on conçoit bien s'énonce clairement.

On ne sait bien voir, bien lire, bien juger, en face de la nature, qu'après des études et une expérience assez longues pour dire que lorsqu'on a acquis ces facultés de l'intelligence, la main a eu le temps d'acquérir assez d'habileté dans un procédé quelconque pour obéir à la pensée comme il faut. Ainsi, quand ce ne serait que par plus ou moins d'expérience, à part les différences de goût et de sentiment, il y a différentes manières plus ou moins bonnes de voir et de choisir. Offrons des exemples réels de ces différences. A cet effet, nous avons crayonné sur la Planche XXVI deux sujets pris d'un même point par deux artistes différents assis sur le même tertre. L'un a pris un bâtiment sans caractère pour sujet principal, en d'autres mots pour foyer du champ de son dessin; l'autre n'a eu qu'à regarder un peu à droite pour y trouver un sujet bien meilleur, qui met en évidence la supériorité de son talent et la distinction de son goût. Faut-il encore raconter ce qui nous est arrivé avec feu notre célèbre ami et compagnon de voyage J.-D. Harding? Nous étions à Fréjus. Retenu par la nécessité de dessiner des arcades de l'antique aqueduc romain, nous invitâmes Harding à se transporter près d'un puits d'où la vue s'étendait sur un splendide sujet comprenant des piliers de l'aqueduc au deuxième plan, et à l'horizon la silhouette de l'Estérel, le village de Saint-Raphaël et la mer. Harding s'y rendit, et que rapporta-t-il? Le puits seulement! Il est vrai que c'était un puits dessiné avec l'incomparable habileté de crayon que l'on connaît. Notre Planche XXXI offre bien la beauté du sujet que nous avions recommandé à notre compagnon; on y aperçoit le puits. Quel dommage que nous n'ayons pas, pour reproduire ce sujet, le crayon qui ne reproduisît que ce puits!

Malgré les secours toujours si précieux et si souvent indispensables offerts par la nature, on a vu et l'on voit encore des artistes exceptionnellement et, si l'on veut, singulièrement doués, qui exécutent leurs ouvrages sans avoir, comme la presque totalité de leurs confrères, sinon la nature en présence, au moins, comme matériaux, des études consciencieuses faites d'après elle*. Il faut que ces artistes aient une mémoire prodigieuse, pour pouvoir reproduire avec une justesse étonnante et avec tous les détails ce qu'ils ont vu d'une manière qui serait trop rapide et bien insuffisante pour tant d'autres. Toutefois la critique sévère pense qu'il manque à ces artistes exceptionnels une qualité, un cachet d'émotion profonde et sincère, qui ne peut naître que dans la contemplation d'un modèle digne de la produire.

Arrivons à l'*Idéal*, mot vague dont le sens est compris d'une manière très-différente, et qui par cela même est un champ de bataille où disputent assez inutilement les philosophes, les critiques et même les artistes. Le monde, qui ne voit les hommes qu'en pantalon et les femmes qu'en jupon, croit volontiers que Raphaël n'a jamais vu des hommes habillés comme ceux qu'il a peints dans la *Dispute du Saint-Sacrement*, ni de femmes si peu vêtues et si bien faites que celles qui composent sa fresque du *Triomphe de Galathée*. En cela, le monde est très-naïvement dans l'erreur. Ce qu'il y a dans ces

---

¹ Gavarni nous a dit qu'il cherchait d'abord une légende pour ses dessins, et que, cette légende trouvée, il travaillait à l'exprimer avec le crayon. Gustave Doré a créé ses innombrables compositions sans modèle. Amateur du paradoxe, ne va-t-il pas jusqu'à dire que, pour faire un portrait ressemblant, il ne faut plus, après un premier regard, travailler en présence du modèle!

sujets qu'on puisse appeler *idéal*, et qui est l'effet de l'art, c'est l'arrangement et le choix des modèles qui posent dans l'atelier nus ou drapés, au goût de l'artiste. Se trompent encore plus ceux qui disent qu'il faut chercher, suivant Platon, la beauté idéale dans le ciel, alors qu'il n'en existe sur la terre que de faibles copies : ce sont là des paroles vides de sens et sans application à l'art. Ce qu'il y a de beau ou plutôt de sublime, d'écrasant, dans le ciel, ce sont des planètes et des milliards de soleils qui répandent la lumière et la chaleur, et cela concerne plutôt les astronomes physiciens que les artistes. A notre point de vue et pour notre but, c'est sur cette terre que nous devons la chercher, et certes elle s'y rencontre sous une infinité d'apparences.

L'examen et la comparaison de nombreux modèles qui ont chacun des parties admirables, donne à l'artiste le moyen de produire la conception d'une beauté que souvent ne possède pas aussi complètement chaque modèle pris seul séparément.

Dans le paysage, le peintre rapprochera quelques arbres; il pourra en supprimer, ajouter un détail, quelque plante ou pierre, élaguer une branche de mauvaise forme, introduire d'imagination des effets de clair-obscur qui donneront à son ouvrage un aspect qui fera dire aux gens du monde que ce qu'il a fait est idéal et plus beau que la nature.

La nature! on ne l'a jamais assez étudiée. Les grands peintres paysagistes classiques, tels que Poussin ou Claude Lorrain, ou les purs naturistes, comme Ruysdael, Hobbema, Rembrandt, n'en ont vu que quelques côtés, grands ou petits, et aujourd'hui que l'art a trouvé, on peut le dire, de nouveaux filons de la riche et inépuisable mine, nous ne pouvons ne pas nous étonner de ce que les uns ni les autres n'aient pas été frappés des caractères bien pittoresques de ce qu'on pourrait appeler des admirables individualités de forme de rochers ou d'arbres. Il y avait pourtant, dans ces individualités, des modèles et même des sujets qui méritaient d'être imités et reproduits avec l'exactitude que l'on cherche à mettre dans le portrait de la figure humaine. Il faut dire qu'au XVIIe siècle la botanique, et encore moins la géologie, n'existaient pas. Aujourd'hui la science nouvelle ne peut qu'amener des œuvres nouvelles dans l'art.

Cette science, plus ou moins popularisée, a de justes exigences auxquelles l'art moderne doit répondre. On doit pouvoir reconnaître, dans la représentation des rochers, si ces rochers appartiennent aux terrains volcaniques, caractérisés par leurs formes prismatiques et par leur couleur plus ou moins foncée; ou bien s'ils offrent ces stratifications parallèles des terrains calcaires; ou bien enfin si c'est du granit, dont les blocs présentent souvent de très-belles cassures et se recouvrent de nombreuses plaques de mousses, de lichens et d'autres plantes.

Ce que nous disons des caractères spécifiques des différentes roches s'applique complètement aux caractères spécifiques des divers arbres, encore plus frappants. Nous recommandons d'autant plus, à cet égard, l'attention du paysagiste, qu'une imitation attentive de ces accidents de la nature peut ne nuire en rien à l'effet pittoresque d'un ensemble. «Tout est bien, sortant des mains de l'Auteur des choses; tout dégénère entre les mains de l'homme.» Cette opinion de J.-J. Rousseau peut être très-paradoxale au point de vue social, mais elle est bien près de la vérité au point de vue de la beauté pittoresque du paysage, et sous ce rapport il est presque toujours vrai que la main de l'homme gâte ou détruit cette beauté.

Combien de fois n'avons-nous pas, en dessinant quelque vieille maison ou quelques ruines, entendu des spectateurs postés sur nos épaules dire : Là, dans la réalité, ce n'est rien, c'est laid ; et sur le papier, «C'est joli». Souvent aussi des gens du monde, voyant faire le portrait de jeunes personnes qu'ils connaissaient, nous ont accusé de les peindre plus jolies qu'elles ne l'étaient, ce qui était le contraire dans notre opinion. Pour leur persuader qu'il n'y avait point de mensonge flatteur ni d'idéal dans notre fait, nous les avons invités à venir voir le modèle pendant qu'il posait dans l'atelier, éclairé, posé et vêtu conformément aux préceptes de l'art, et ils ont été instantanément de notre avis. Si les gens du monde fréquentaient les ateliers, ils verraient journellement les réalités les plus vulgaires, rencontrées dans la rue, passer à l'état d'idéal, transformées en héros ou en déesses mythologiques. Il y a cependant plus que la connaissance des conditions et de ces règles dans la production d'une œuvre, même à part le choix par l'artiste du modèle répondant à son tempérament; il y a quelque chose de mystérieux pour ainsi dire qui passe de l'âme de l'artiste dans son œuvre. Topfer, dans ce livre de *Menus propos* qui a été beaucoup lu, avait dit : Faites peindre le même âne à cent peintres différents, vous aurez cent ânes différents, et faites peindre à un seul peintre cent ânes différents, vous n'aurez qu'un seul et même âne. C'est ainsi que les ânes de Karl Dujardin, ceux de Berghem, ceux de Decamps, se ressemblent entre eux s'ils sont du même de ces maîtres, mais ne se ressemblent pas s'ils n'en sont pas. On peut dire que ce fait se manifesterait d'une manière encore plus sensible s'il s'agissait, au lieu d'âne, de la figure humaine.

En analysant les qualités qui peuvent exister dans une œuvre d'art, il s'en rencontre qui sont en dehors de la beauté purement pittoresque et qu'on pourrait mettre au nombre de celles qui constitueraient l'*idéal*. Il y a un mérite qui est le fruit de l'éducation, de l'instinct, du sentiment; il y a ainsi l'empreinte du côté moral et intellectuel de l'artiste. Si l'on a dit, et cela avec raison, que ce côté se manifestait dans les caractères de l'écriture de toute personne qui sait écrire, on sent qu'à plus forte raison il doit se manifester chez un artiste, autant dans le choix de ses sujets et de ses modèles que dans la touche de son pinceau ou de son crayon. L'un aime le noble et le grandiose, l'autre la finesse et l'élégance, l'autre la rusticité, l'autre les effets de lumière, l'autre le mouvement des batailles, etc.; la touche de l'un est heurtée et emportée, tandis que la touche de l'autre est polie et fondue. On a donc dit avec bien juste raison que l'œuvre d'un artiste, c'était sa confession la plus intime et la plus sincère : en l'exécutant, il trahit son caractère, son humeur, sa valeur intellectuelle, ses goûts, ses opinions, ses penchants, ses vertus ou ses vices, son éducation. Il se trahit non-seulement par le choix de ses sujets et de ses modèles, mais encore par la manière de les interpréter. Il est certain que, malgré toute la bonne foi qu'il aurait pu y mettre, malgré une sincère volonté d'être vrai, Raphaël aurait fait une vierge pudique en se servant du modèle qui aurait servi à Rubens pour figurer une bacchante ivre, et dont Van-Ostade aurait fait une servante de taverne. Ce sont, du reste, ces personnalités bien caractérisées qui constituent les grands artistes, et ce sont leurs œuvres, empreintes du cachet de leur individualité, qui de tout temps ont été les plus recherchées.

C'est le prix attaché à ce caractère de personnalité, à l'originalité, quelque peu qu'il y en ait, en l'absence d'autres bonnes qualités, qui de nos jours attire tant d'attention et de réputation à certaines œuvres bien faibles sous d'autres rapports, ou à certains systèmes, par exemple à ce qu'on a nommé *réalisme*.

Ce mot, dans la pensée des partisans du système, veut dire que tout ce qu'on a fait auparavant était faux, et qu'il ne fallait peindre que ce que l'on voyait, ce qui conduirait tout simplement à vouer au mépris toutes les conceptions de sujets mythologiques ou religieux des anciens maîtres, dont plusieurs, malheureusement, ne seront peut-être jamais égalés. Jusqu'à présent, à en juger par les œuvres de ses apôtres, le mot *réalisme* a un peu trop la signification des mots *vulgarité* et *laideur*.

Les apôtres de cette religion nouvelle, prétendant être les seuls qui fassent *vrai*, se considèrent comme les plus forts, en vertu de cette maxime de l'*Art poétique* :

«Rien n'est beau que le vrai, le vrai seul est aimable.»

On peut répondre à cette prétention, que les véritablement

forts font encore plus vrai; qu'ils copient plus exactement, plus habilement, plus scrupuleusement la nature que les prétendus réalistes, qui jusqu'à présent n'ont exposé que des imitations heurtées des natures plus que vulgaires.

On ne saurait nier toutefois que les réalistes n'aient pas fait preuve de certaines qualités dans leurs œuvres, dans le coloris, dans la touche, dans ce qui en procède; mais ces qualités n'ont jamais été considérées que comme qualités de second ordre; et quel qu'ait été auprès de certains esprits le succès du réalisme, Michel-Ange, Raphaël, Poussin, les grands dessinateurs, les grands penseurs dans l'art, ne sont pas encore descendus de leur trône.

Il nous est impossible de parler des rapports de l'art avec la nature, sans dire quelques mots sur les voyages et les excursions pittoresques, sur ces jouissances intimes si profitables que goûte l'artiste en allant, soit dans les pays lointains, au milieu des populations de race étrangère, au pied des restes des monuments de l'antiquité, soit même seulement en trottant, par monts et par vaux, dans notre pays, qui en vaut bien d'autres. En se donnant cette jouissance, qui du reste est un devoir pour sa profession, l'artiste pourra étudier nécessairement avec fruit l'infinie variété des aspects de la nature champêtre, les mouvements, le caractère et les habitudes de la vie sociale, les effets météoriques aux divers pays, aux diverses altitudes, aux diverses saisons, aux diverses heures. Une tête que l'on rencontre, un costume, des animaux qui passent ou qui sont au repos, une jeune fille qui vient à une fontaine, des enfants qui jouent, un arbre, un rocher, une pierre, une fleur, un restant de vieille muraille, le nuage qui passe: tout, en un mot, nous l'avons déjà dit, ce que rencontre un artiste en voyage peut lui offrir un sujet d'observation et même un sujet de tableau.

Cependant, allez sur le Pont-Neuf, nous disait un jour un de nos premiers paysagistes, Jules Dupré, et, si vous avez du talent, vous y verrez de quoi faire des chefs-d'œuvre. C'est ce qu'ont fait Cuyp, Ruysdaël, Rembrandt, G. Poussin et bien d'autres, sans quitter un même pays.

S'il est toujours difficile d'atteindre à un talent supérieur, on n'en peut pas moins se sentir heureux en cheminant dans la campagne, muni de quelques feuilles de papier et d'un crayon; et si à ce moment vous ne comprenez pas votre bonheur, si vous aimez quelque chose de plus que cette belle nature qui se donne à vous, ne faites jamais de la peinture.

On ne parle guère d'œuvres d'art sans qu'il soit question du *style*, mot dont la signification se rapproche beaucoup de celui d'idéal, et est la même dans le langage artistique que dans le langage littéraire. Ainsi, on est bien compris lorsque l'on dit style noble, style sévère, style gracieux, etc. Les mots *caractère, genre*, sont à peu près des synonymes; cependant on dit souvent: une œuvre de style, sans qualifier de quel style; dans ce cas, le mot signifie une plus grande beauté relativement à ce qui passe devant nous dans la vie commune. Soit à cause du souvenir des grandes œuvres de l'art, soit qu'il y ait, ce qui est incontestable, des formes plus belles que d'autres, un artiste donne souvent du style, dans son œuvre, à ce qui n'en a pas dans son modèle ou dans la nature. C'est ainsi qu'avec les beaux plis d'un manteau ou d'un châle, on donne du style à un portrait, à un buste, à une statue. L'introduction d'un monument architectural de bon goût, d'une figure nue ou bien drapée, donne aussi du style à un paysage. Il y a des arbres qui en eux seuls ont du style, sans doute par le caractère naturel de leur forme, mais peut-être encore parce que ce sont des arbres caractéristiques de la végétation des pays tenant à l'antiquité classique. (Voir les cyprès et les pins employés dans les sujets de notre Planche XXX.)

En art, comme en littérature, le style étant l'homme, une haute estime a toujours été accordée aux artistes qui produisent avec sincérité des œuvres de style qui témoignent alors d'une grande distinction morale et intellectuelle chez leur auteur.

CHAPITRE CINQUIÈME

DE LA COMPOSITION.

L'invention ou le choix d'un sujet, la disposition des objets appartenant à ce sujet, les modifications qu'il peut y avoir lieu d'apporter à ces objets; en un mot, toute opération intellectuelle qui dépasse la pure imitation de la nature est ce qu'il faut entendre par le mot *composition*. C'est cette partie de l'art, appliquée à la grande peinture d'histoire, qui exige le talent le plus complet, talent que l'on n'acquiert que par de longues études dans l'atelier d'un maître habile. Ce n'est pas ici que nous nous étendrons sur les préceptes relatifs à ce genre de peinture pour laquelle il faut, pour ainsi dire, faire appel à toutes les connaissances humaines. Toutefois il y a, dans ce genre comme dans tous les autres, une partie de l'art qui est de notre ressort, à savoir: *la beauté pittoresque*. Aux grands sujets religieux ou historiques, comme aux petits sujets de nature morte, cette beauté est produite par l'application de la loi de *variété* avec *analogie*, c'est-à-dire par des rappels variés de formes, de ton, de lumière et de couleur; c'est ce que nous montre l'analyse des chefs-d'œuvre de l'art, et nous ne pouvons que recommander cette analyse faite au point de vue de nos principes, qui sous le rapport pittoresque doivent servir de critérium au jugement.

Nous bornerons notre tâche à signaler les ressources en beauté pittoresque offertes par des objets que nous avons tous les jours sous les yeux, à rappeler nos principes sur la manière de s'en servir dans des genres de peinture qui malgré l'infériorité de leur rang n'en offrent pas moins des chefs-d'œuvre accomplis. Un paysage de Claude Lorrain ou de Ruysdaël, des vaches de Cuyp, des oiseaux de Hondekœter, des chaudrons de Kalf ou de Zorg, une tête de Greuze ou de Rembrandt, une eau-forte de ce dernier, ou même une simple lithographie de Bonnington, sont des merveilles de science, d'adresse ou de sentiment, dont la vue nous donne autant de plaisir que beaucoup de grands tableaux.

Si, d'ailleurs, la mine si bien exploitée des sujets historiques commence à s'épuiser, il n'en est pas de même des sujets fournis par l'observation de la simple nature, qui est inépuisable en variétés de formes, de couleurs et d'effets. Ainsi, il nous semble que jusqu'à présent on n'a pas tiré assez parti des montagnes et des blocs détachés. Il y a là cependant des formes, des cassures et des effets de lumière qui mériteraient d'être étudiés avec autant de soin que la forme humaine.

Si cette forme est la plus belle dont l'art puisse tirer parti, nous placerons, immédiatement après, l'arbre dans l'ordre des degrés de beauté pittoresque. Quelle variété de formes et partant de caractères, selon l'espèce, selon l'âge, selon leur exposition, selon le côté duquel ils sont vus ou éclairés!

Quel beau spectacle que celui d'une forêt!

C'est là qu'on peut observer, dans la plus juste mesure, la réunion de la *variété* avec *analogie* produisant l'*unité*. L'enlacement de ces branches, formant des voûtes de verdure, produit un effet semblable à celui qui résulte de l'enlacement et de la succession des arceaux dans une cathédrale gothique. Rendu en face d'une forêt, le peintre est appelé à choisir, c'est-à-dire à faire acte de composition. Prendra-t-il pour sujet l'élégante silhouette des formes sur un fond lumineux, ou bien aimera-t-il mieux la profondeur mystérieuse et sombre d'un intérieur dont l'entrée est formée par des arbres vivement éclairés? (Voir notre Pl. XXXII, à comparer avec la Pl. XXXIII.) Il est bon, dans le dessin d'une forêt, d'introduire des branches et des troncs coupés qui établissent des rappels de formes sur un sol qui sans cela n'aurait rien d'analogue avec les arbres qui sont debout.

Les racines dénudées par des éboulements offrent souvent des attaches d'un effet pittoresque superbe qui peuvent dispenser de l'introduction facultative de troncs ou branches coupés. (Voir Pl. III.)

L'architecture fournit souvent de beaux sujets, tels que intérieurs de cloître ou de cathédrale (Pl. XXXIII). Il y a des maisons et des châteaux d'un effet charmant. (Voir nos Pl. X, XI, XII, auxquelles nous avons ajouté la vue du fort Saint-André, à Villeneuve-lès-Avignon, Pl. XXXI.) Dans la valeur pittoresque de l'architecture, le temps entre comme un facteur puissant; c'est lui qui colore, qui détruit la symétrie anti-pittoresque, qui produit les ruines et pare les vieilles murailles de végétation. Un rayon de soleil dans une rue quelconque donne souvent un sujet piquant (Pl. XXXIII).

La peinture des fleurs est un genre qui mérite d'être cultivé par les amateurs, à cause de la beauté des modèles et de la facilité que l'on a de s'en procurer, facilité qui est loin d'exister pour la figure humaine. Nous avons déjà parlé des fleurs, au sujet des conditions d'harmonie à observer à l'égard de la couleur; nous en parlerons ici sous le rapport de l'harmonie des formes. Cette harmonie ne peut naître que de l'analogie de ces formes, et cette analogie existera si vous composez un bouquet avec une même espèce de fleurs, dont les diverses positions et les divers degrés d'éclosion suffiront pour produire assez de variété... On trouvera toujours ces conditions, en employant des fleurs d'une même famille : des Renonculacées, par exemple, comme dans la figure inférieure de la Pl. XXV. Maintenant, est-ce à dire qu'il faille rigoureusement s'abstenir de mêler des fleurs de formes très-diverses et même d'ajouter des fruits dans la composition? Des artistes habiles, Van Huysum entre autres, ont passé outre; mais leurs ouvrages, où l'on voit le manque d'unité, ont des qualités de touche, de finesse, de dessin, de vérité d'imitation, qui pallient ce défaut.

Les animaux, par la variété, par l'analogie de leurs formes et de leurs couleurs, prêtent à former d'excellentes combinaisons. Parmi les maîtres qui se sont illustrés dans ce genre, Cuyp et Hondekœter nous paraissent être ceux qui ont fait preuve de la science la plus parfaite dans toutes les parties de l'art, et principalement dans la composition. Notre Pl. XXIV reproduit un tableau du dernier, faisant partie du musée de

Montpellier. La composition, la couleur, le clair-obscur, l'imitation de la nature, la touche, tout y est parfait.

La Bruyère a dit qu'un beau visage était le plus beau spectacle du monde. L'artiste ne peut certainement pas contredire l'opinion du moraliste; seulement, il ne peut s'empêcher d'ajouter que ce plus beau spectacle est aussi le plus difficile à reproduire par l'art. On comprend la difficulté lorsqu'on pense que des plus légères modifications de formes ou de couleur naît l'expression de l'intelligence, de l'action, de la passion. Qui n'a pas éprouvé la fascination de la beauté? Elle tient lieu, dit Anacréon, de mille lances et de mille boucliers. Ses attraits sont plus puissants que le fer, que le feu. Plus tard, c'est Pascal qui a dit que si le nez de Cléopâtre eût été plus court, la face du monde aurait changé ; et ce que nous disons du visage s'entend pour l'ensemble de la figure humaine. C'est elle, dans son infinie variété de caractères, qui offre le champ le plus vaste à la composition : témoin l'histoire entière de la peinture, témoin tous les musées, témoin toutes les images qui ornent nos salons et qui illustrent nos livres. C'est à cela que nous renverrons l'élève ou le lecteur, en l'invitant à analyser ce qu'il verra, au point de vue des principes établis dans notre travail.

Nous le prierons de remarquer, toutes les fois que l'occasion s'en présentera, l'intérêt et l'effet qu'on peut donner à une figure, par une pose expressive, par la direction du regard, par la coiffure, par la chevelure, par le pli d'un vêtement, etc. (Voyez nos Planches XXXVII, XXXVIII.)

Il nous reste à indiquer certaines distractions à éviter dans la composition, telles que : de placer des figures directement sous une tour ou sous un arbre, de telle sorte que ces figures aient l'air de porter une tour ou un plumet sur la tête ; avoir soin que le contour d'un objet ne se fonde pas dans le contour d'un autre ; éviter enfin que des objets, très-différents de dimension dans la nature, soient exprimés dans le dessin par des dimensions égales. (Voyez notre Planche XXX, pour la manifestation visible de ces inadvertances.)

On dit, dans le monde, que dans un paysage les figures sont introduites pour *l'animer*; ce qui est une expression manquant de sens et de vérité. L'artiste intelligent en place, soit pour former un foyer, ou diapason, ou un rappel d'autres tons ou couleurs du sujet, soit en les disposant sur divers plans pour donner l'idée de profondeur de ces plans, ou l'idée de la dimension de certains objets, ou bien enfin pour remplir des espaces qui, sans une ou plusieurs figures, manqueraient d'intérêt. Il ne faut pas cependant leur donner trop d'importance, les mettre trop sur le bord du cadre, ainsi que l'a fait parfois le si bien doué Bonnington.

En pensant à un sujet inventé ou donné par la nature, il est indispensable de considérer, comme nous l'avons déjà recommandé, si la disposition des formes se prêtera à un bon effet de clair-obscur et de coloris. L'objet le plus important d'un sujet doit être exécuté avec plus de soin que le restant. Cet objet doit occuper, non le centre même du tableau, parce qu'alors il y aurait danger pour la symétrie, mais les environs de ce centre.

Quelle que soit l'admiration méritée par les grands sujets

pleins de figures et de mouvements, tels que batailles, émeutes, massacres, plafonds, paysages pleins de figures et de monuments divers, nous oserons dire que si ces objets sont ce qu'ils doivent être lorsqu'ils sont placés comme décors, l'attention et l'émotion du spectateur sont plus grandes en présence d'un sujet simple, qui n'exige pas le partage de cette attention.

Ainsi, c'est bien au sujet de la composition que le dernier mot appartient à Horace :

Simplex et unum.

C'est ce que nous avons entendu bien souvent de la bouche de notre ami Hippolyte Flandrin: *Soyez simple.*

Pl. XXIII.

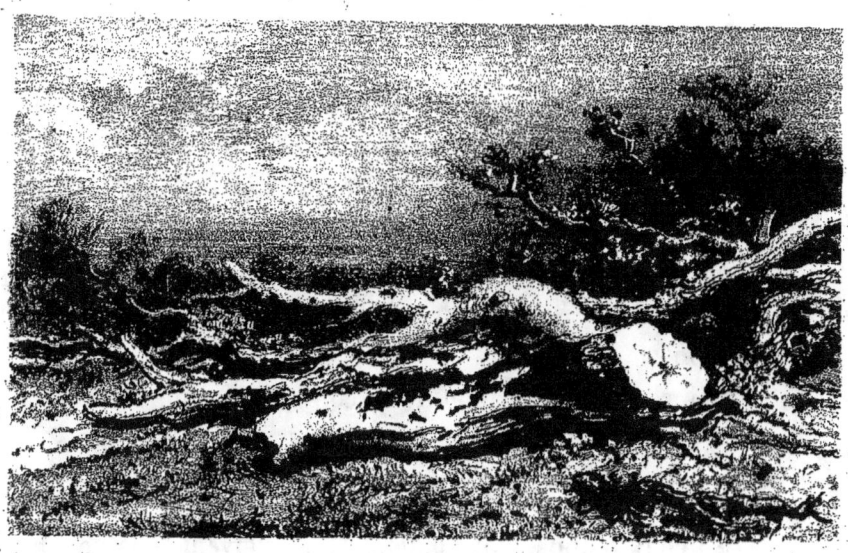

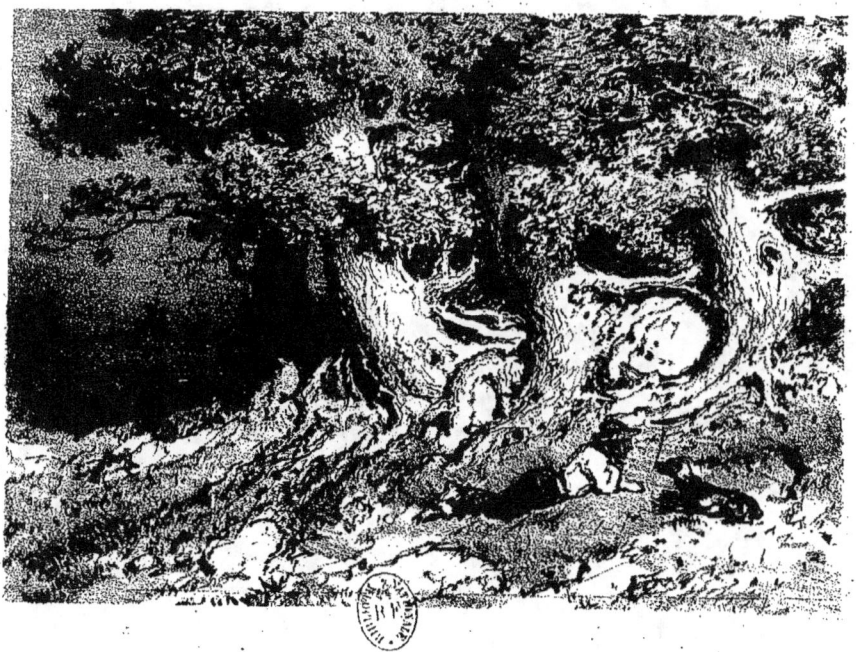

Lith. Boehm & fils, Monlp.

pleins de figures et de mouvements, tels que batailles, émeutes, massacres, plafonds, paysages pleins de figures et de monuments divers, nous oserons dire que si ces objets sont ce qu'ils doivent être lorsqu'ils sont placés comme décors, l'attention et l'émotion du spectateur sont plus grandes en présence d'un sujet simple, qui n'exige pas le partage de cette attention.

Ainsi, c'est bien au sujet de la composition que le dernier mot appartient à Horace :

Simplex et unum.

C'est ce que nous avons entendu bien souvent de la bouche de notre ami Hippolyte Flandrin : *Soyez simple.*

Pl. XXIII.

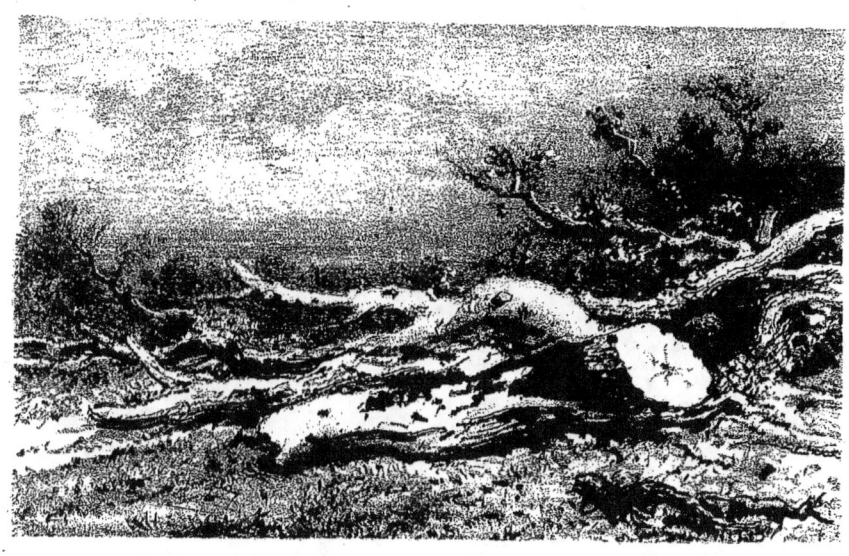

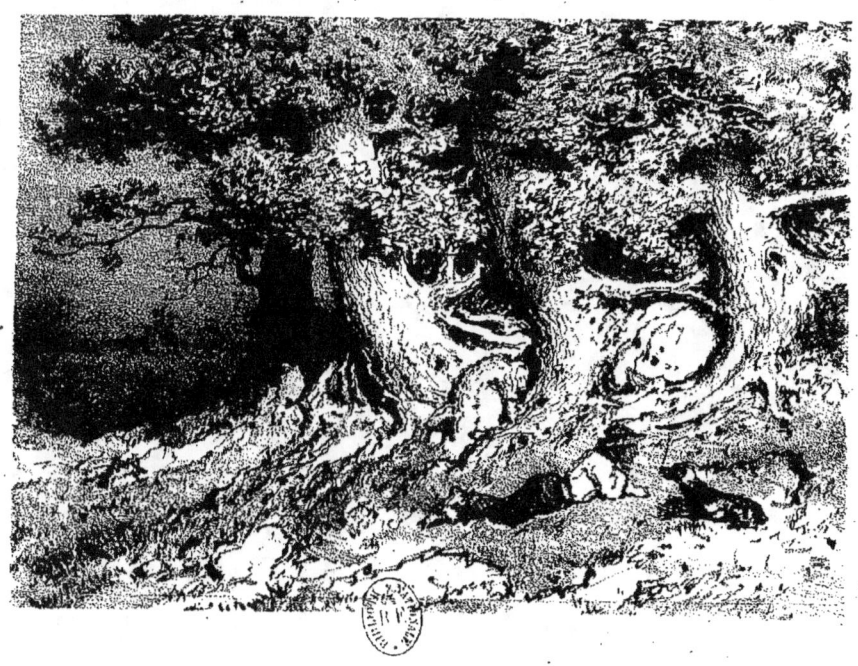

Lith. Boehm & fils, Montp.

Pl. XXIV.

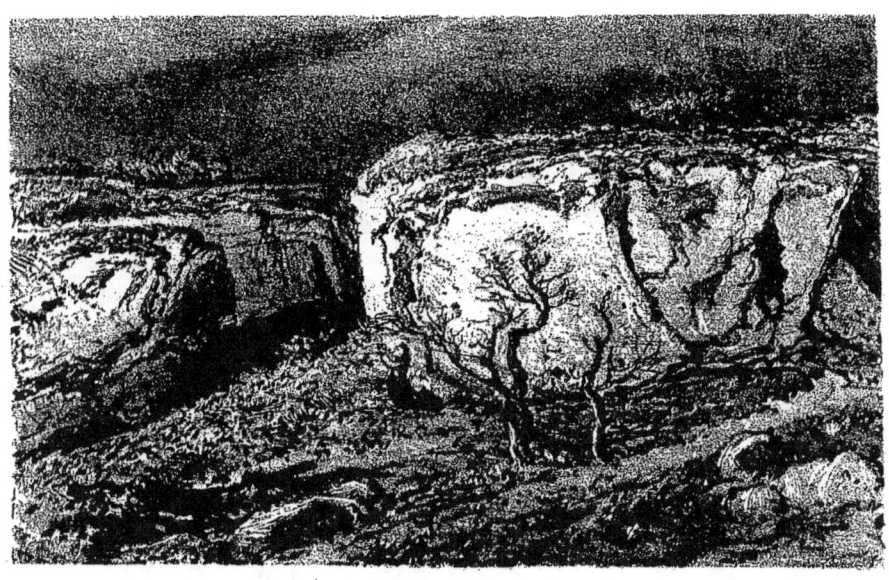

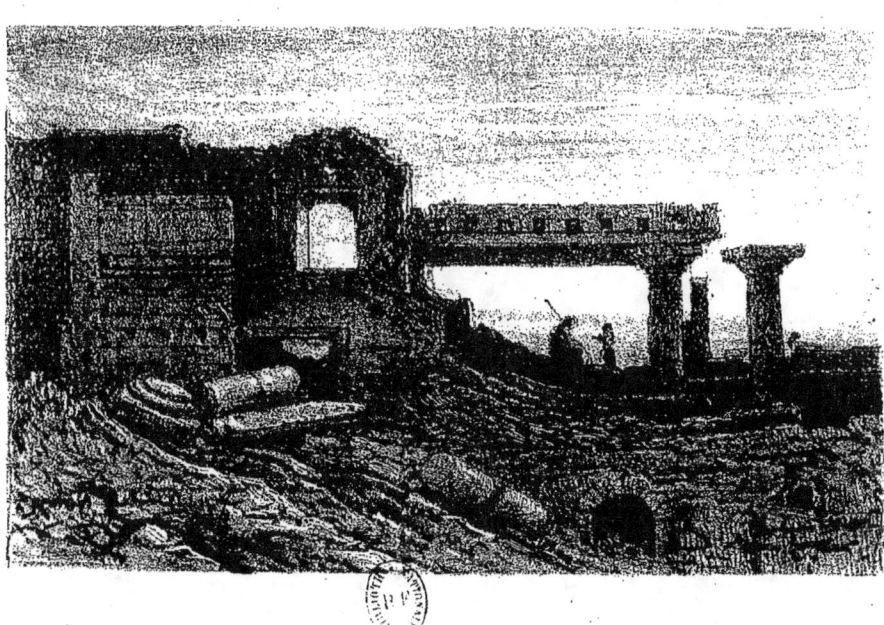

Lith. Boehm & fils, Montp.

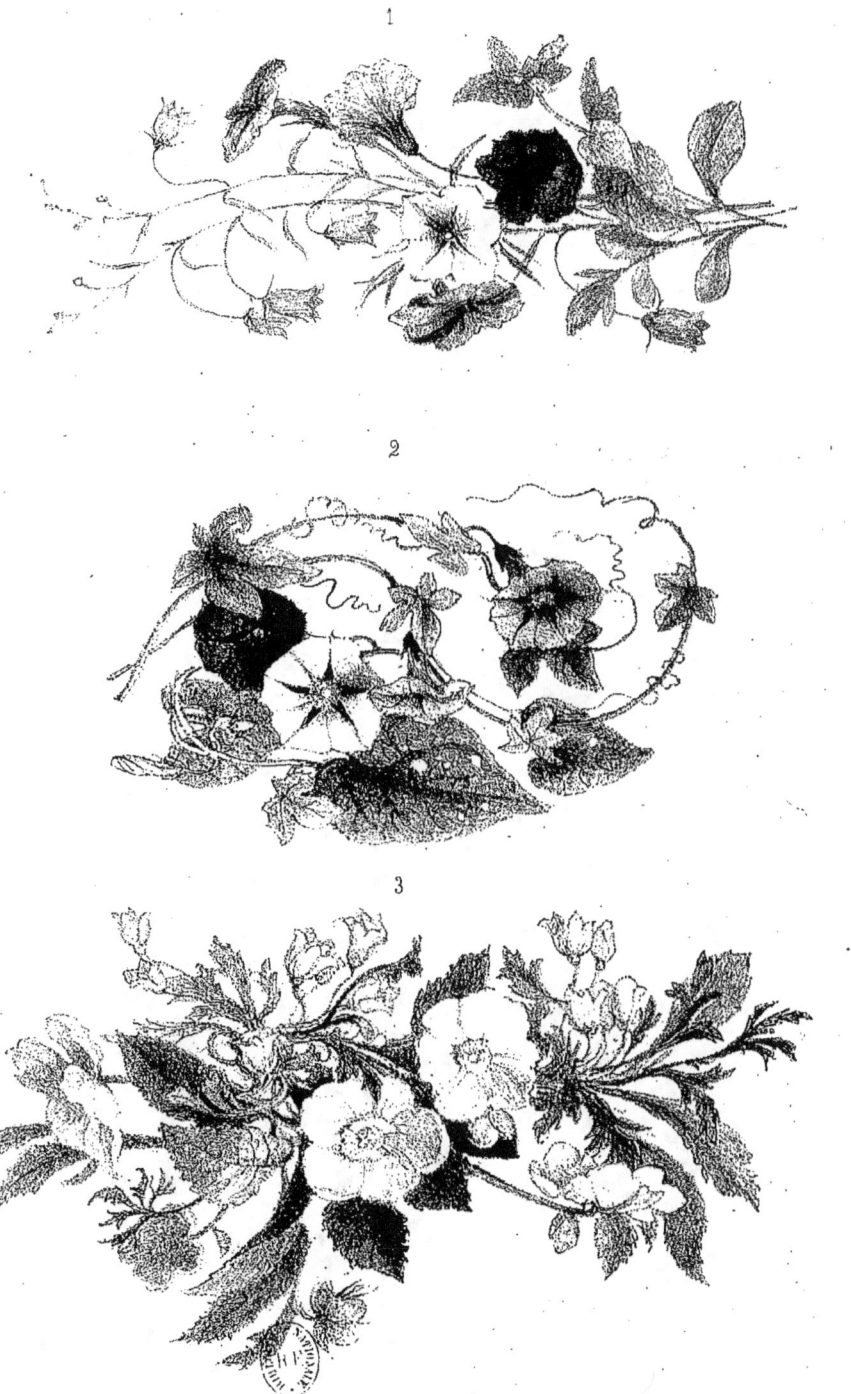

Pl. XXVI.

1

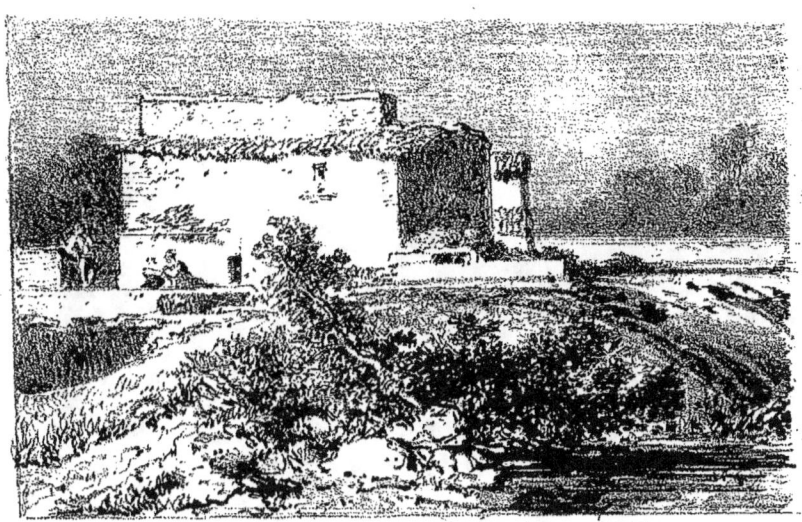

2

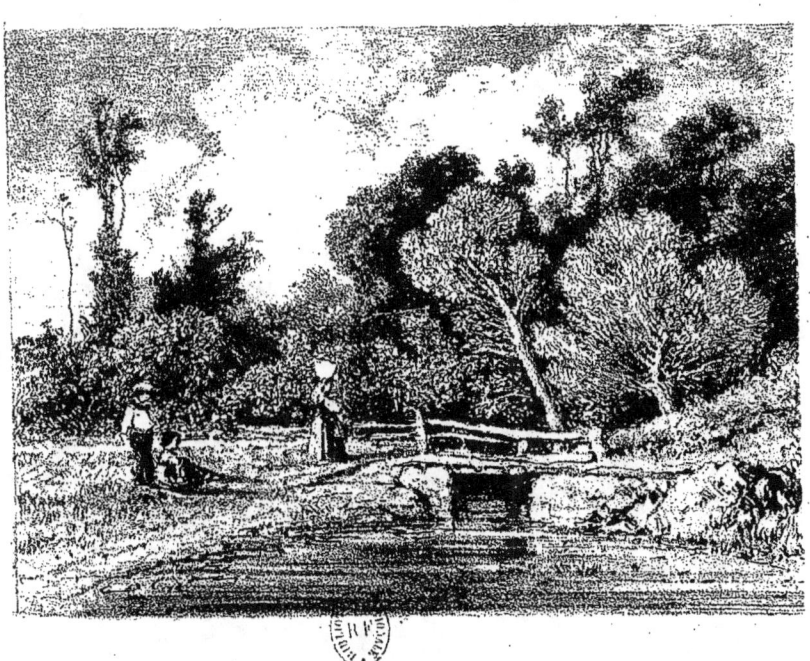

Lith. Boehm & fils, Montp.

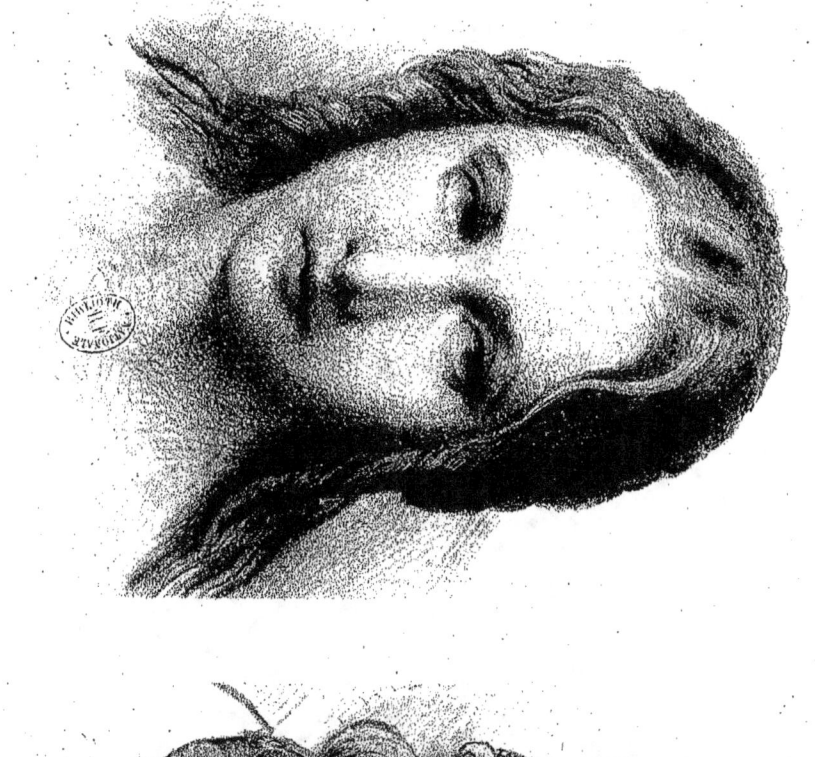

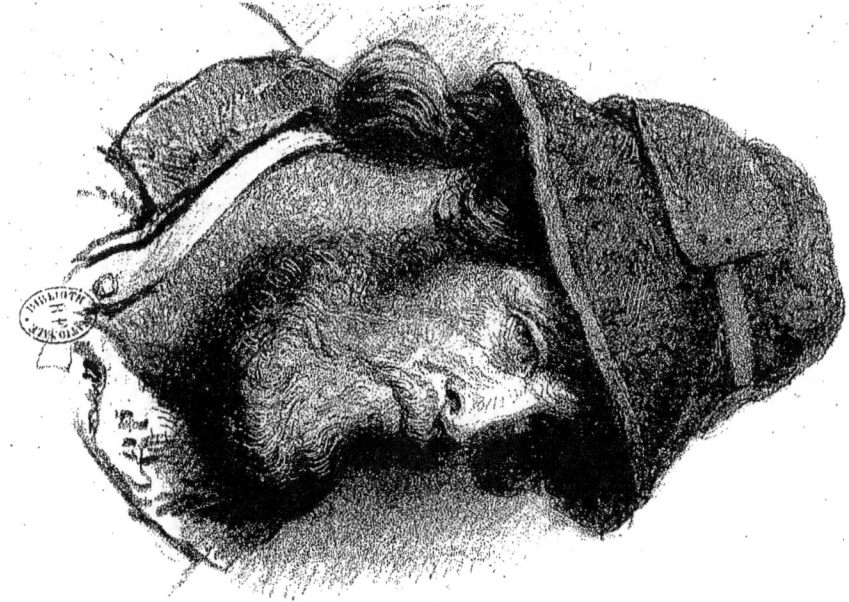

Pl. XXVII

Pl. XXVIII.

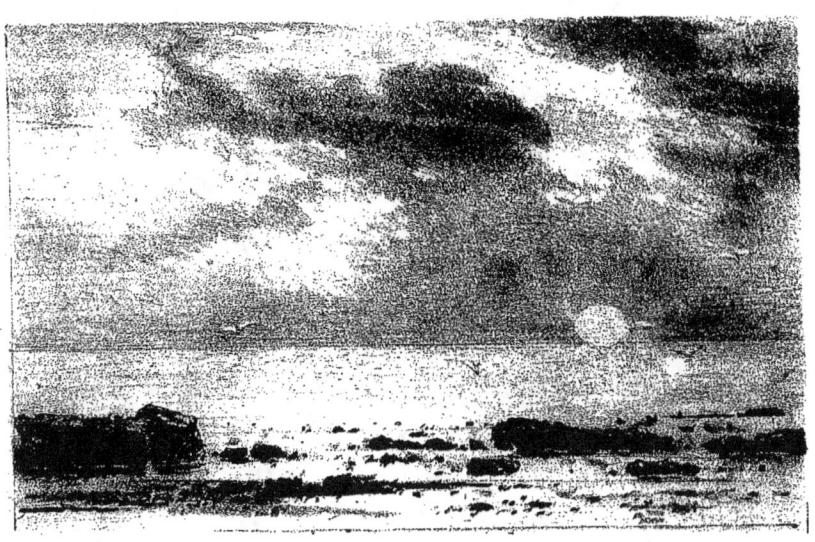

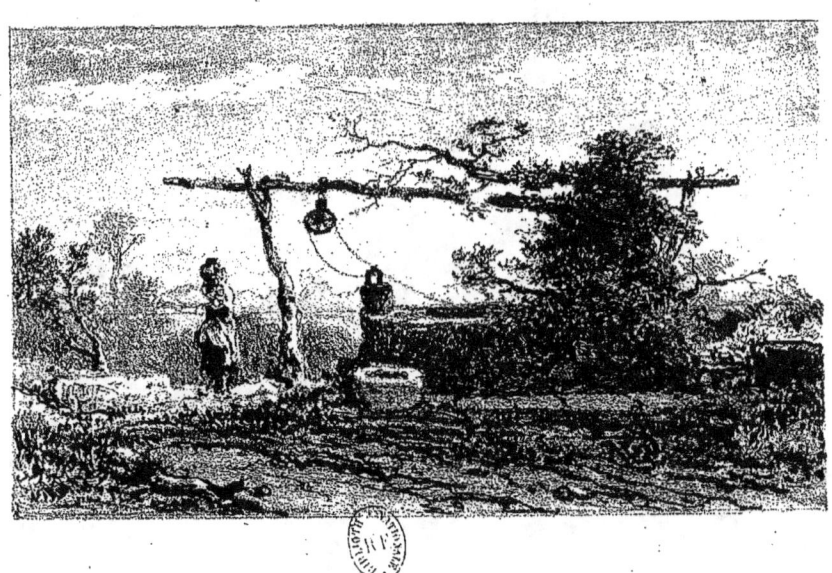

Lith. Boehm & fils, Montp.

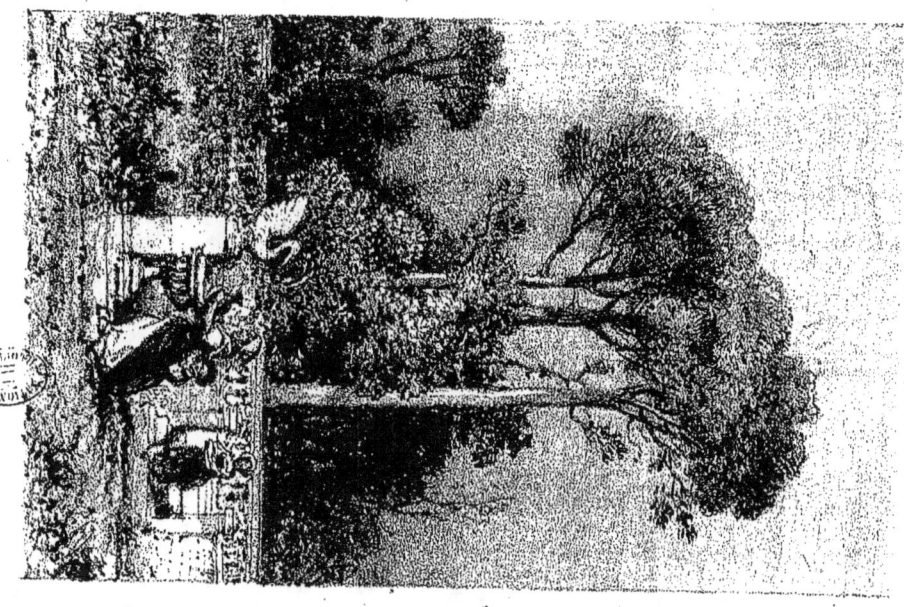
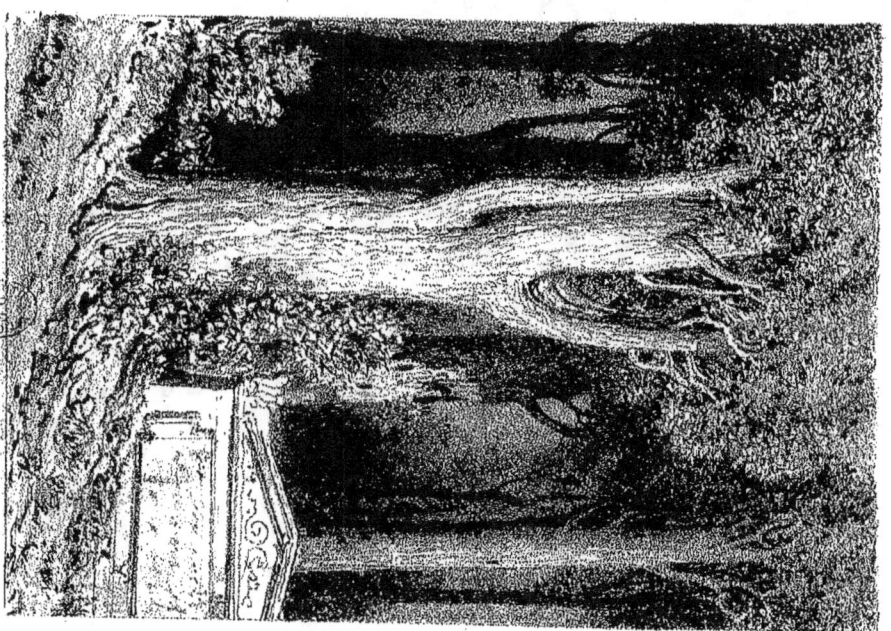

Pl. XXIX.

Pl. XXX.

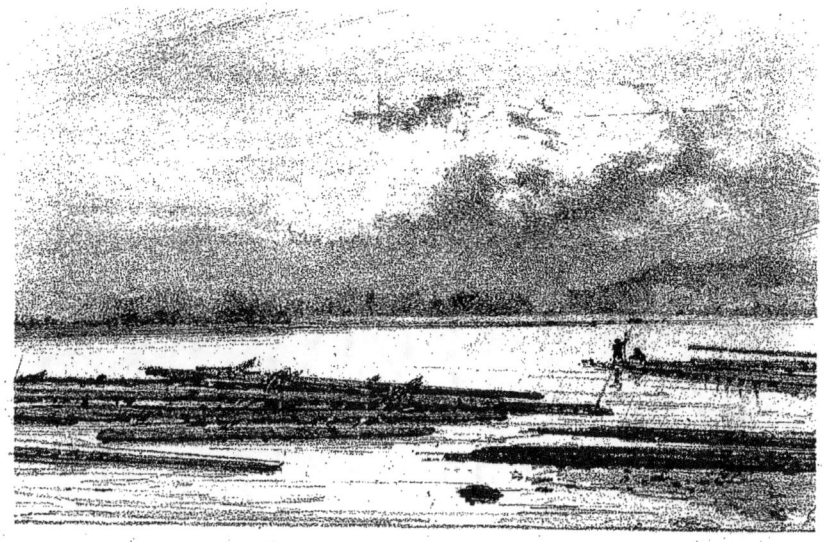

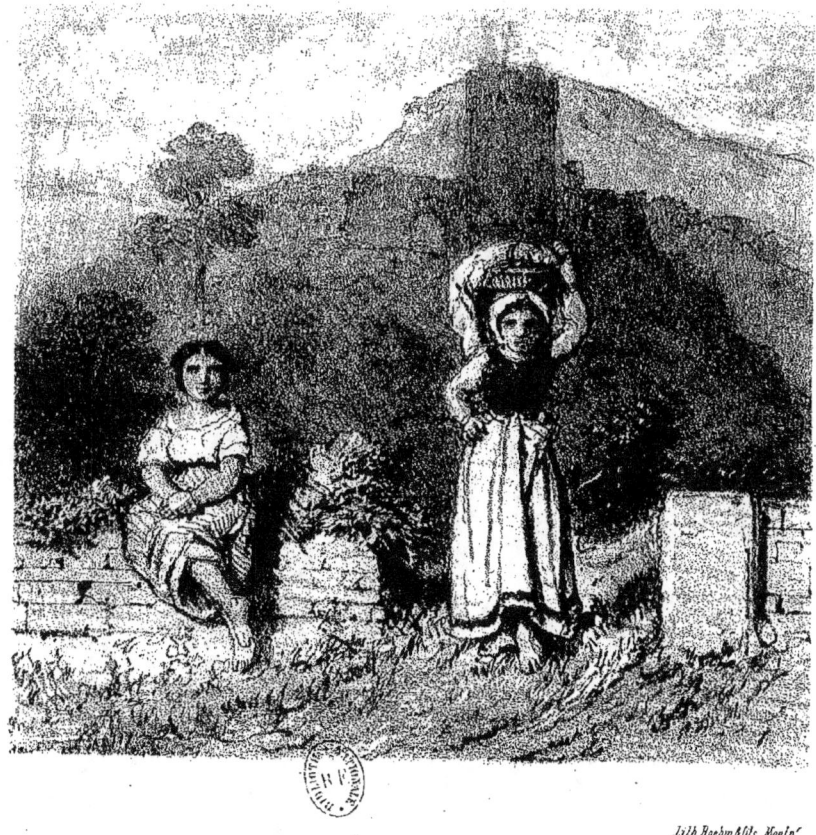

Lith. Boehm & fils, Montp.

Pl. XXXI.

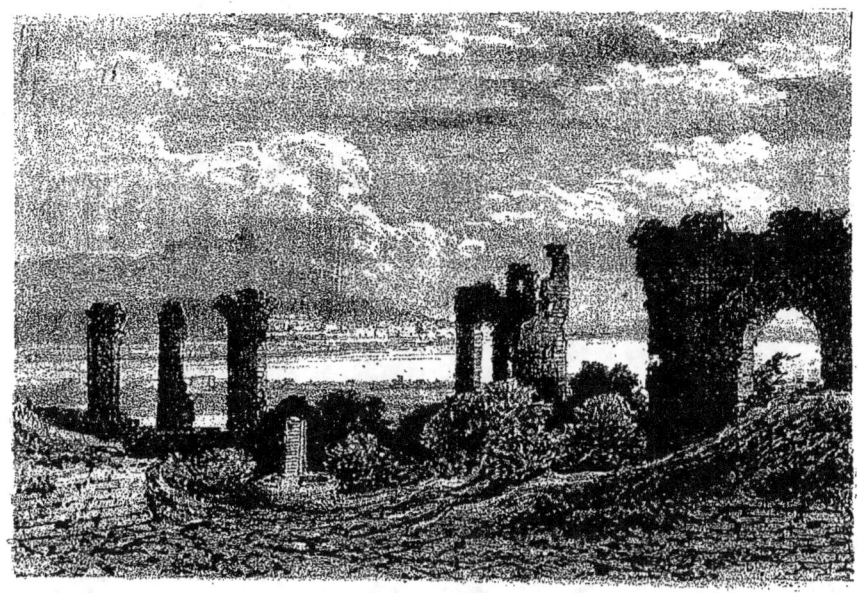

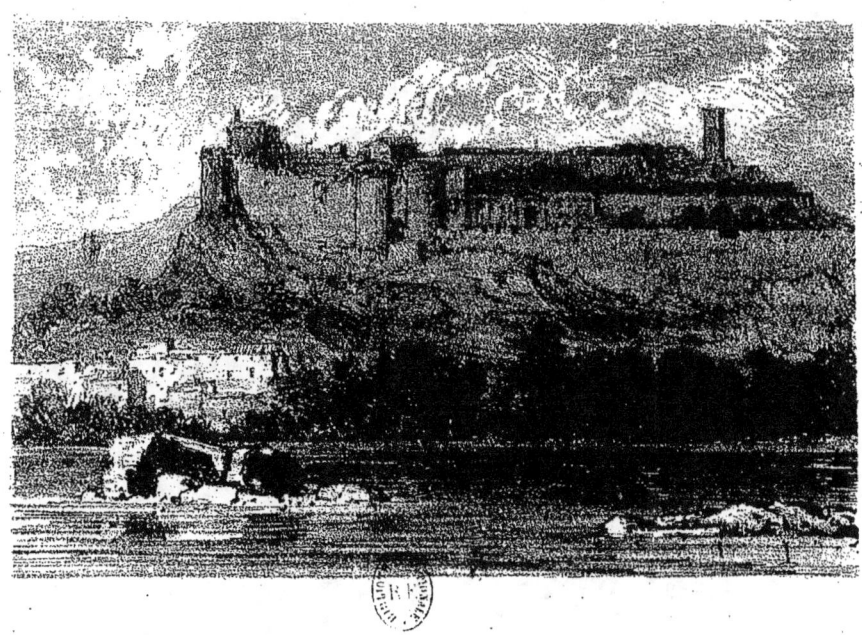

Lith. Boehm & fils, Montp.

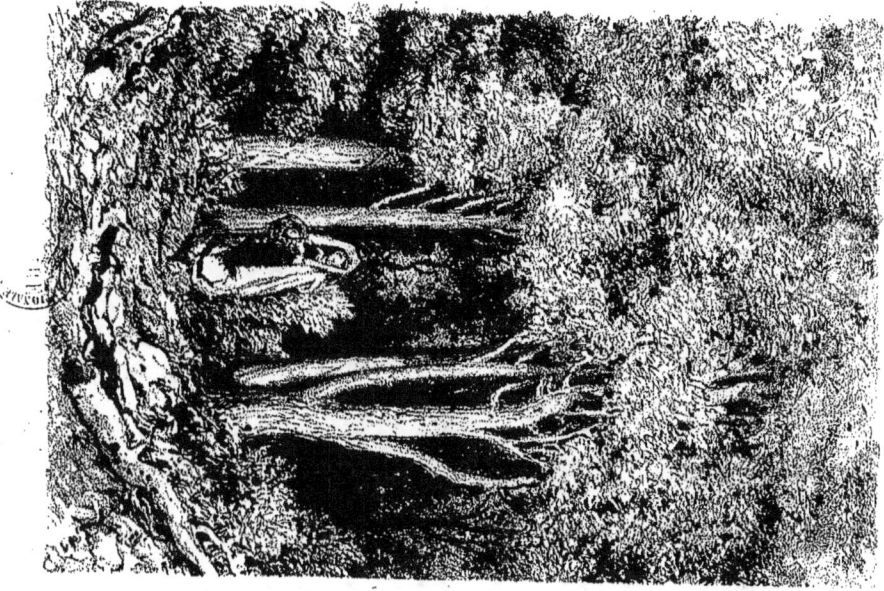
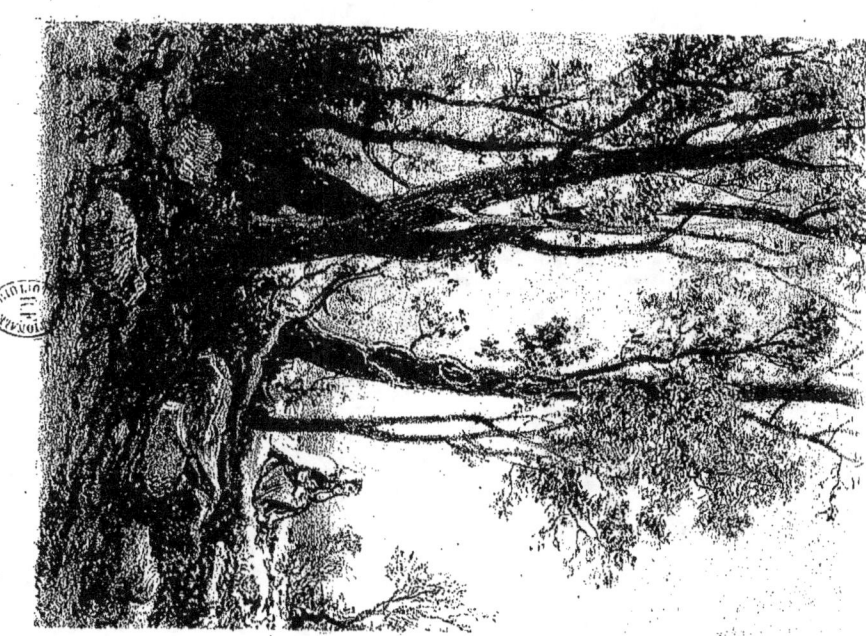

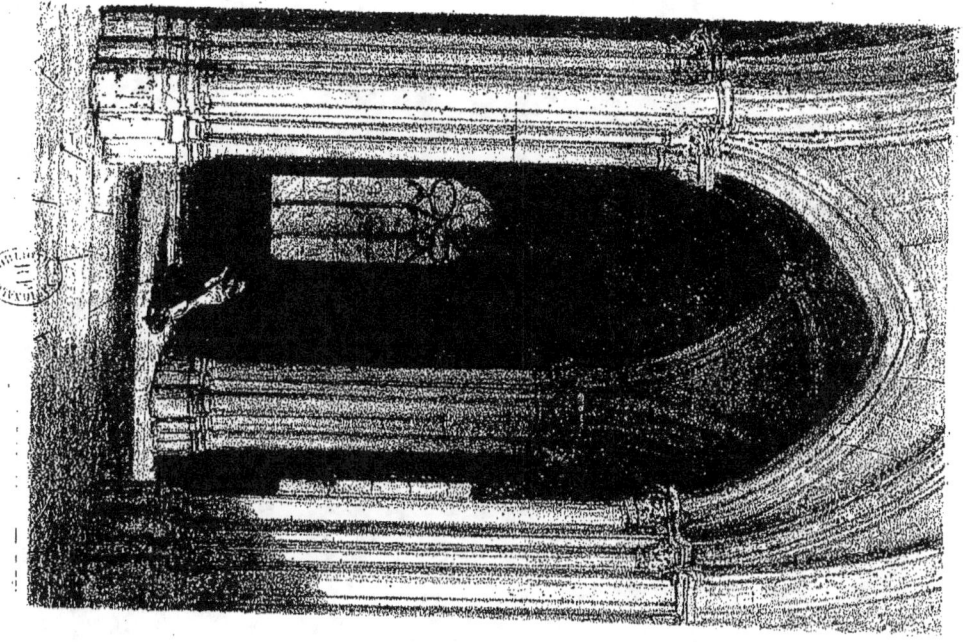
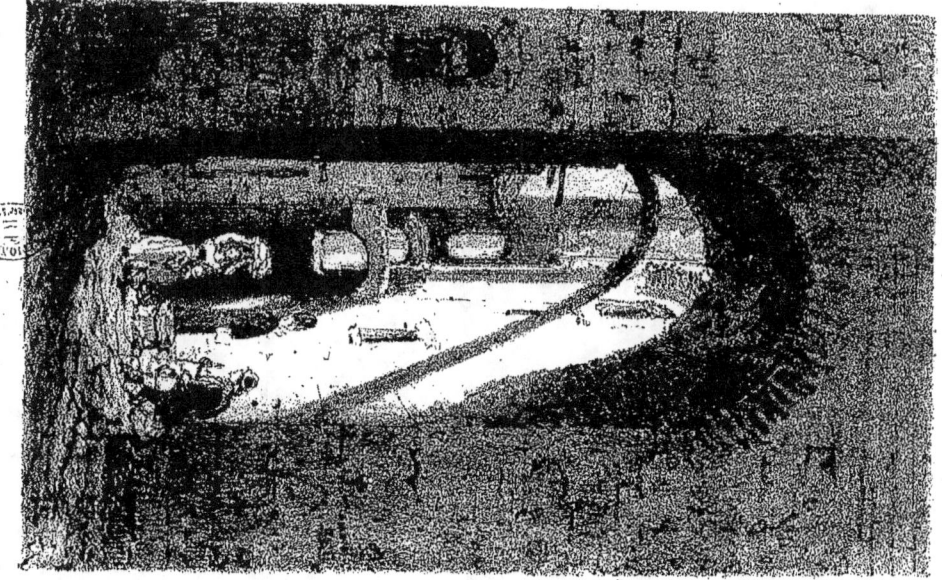

Pl. XXXIII.

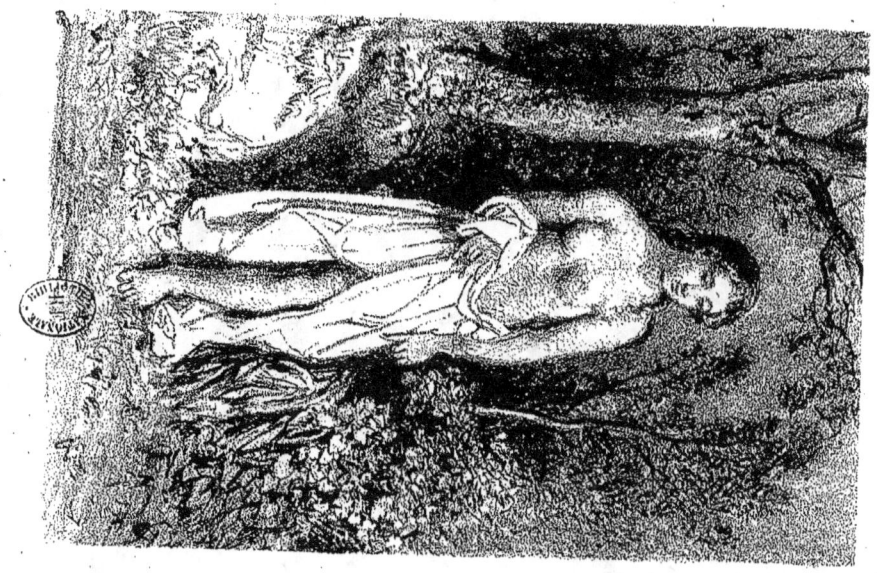

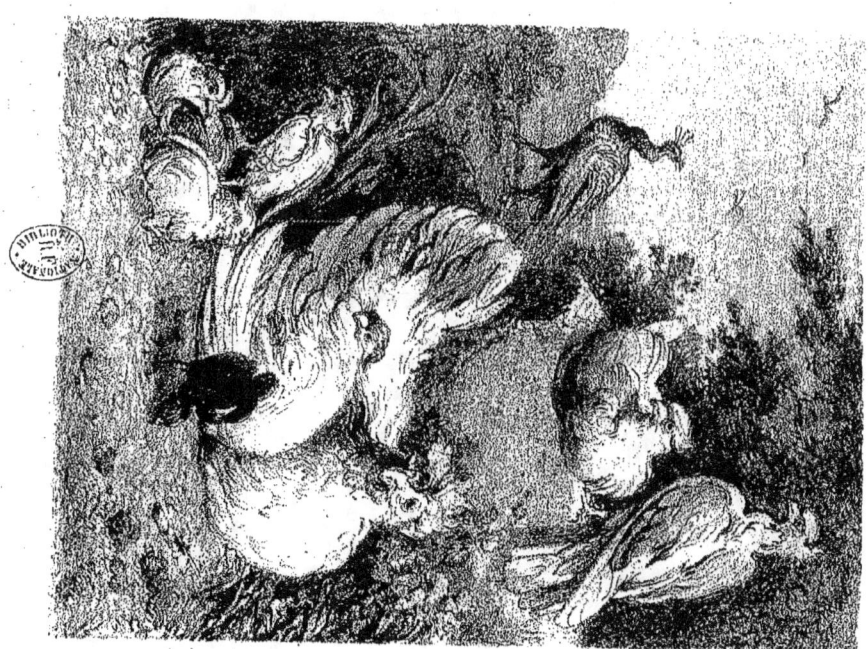

PL.XXIV.

CHAPITRE SIXIÈME

ANALYSES ET JUGEMENTS D'APRÈS LES PRINCIPES ÉTABLIS DANS LES CHAPITRES PRÉCÉDENTS.

Ce qui, maintenant, resterait à faire de plus utile pour l'éducation du lecteur, et de plus décisif comme preuve de la justesse de nos préceptes, ce serait, au point de vue de la partie de l'art qui était l'objet de nos études, c'est-à-dire de la Beauté pittoresque, ce serait, disons-nous, l'analyse de nombreuses œuvres d'art, la désignation de leurs qualités et de leurs défauts; ce serait de mettre sous les yeux les corrections voulues par la doctrine. Mais la tâche serait bien difficile, bien longue, et de plus bien délicate, alors qu'il s'agirait de corriger des œuvres de maîtres de premier ordre. Cependant il ne nous paraît pas possible de nous soustraire à cette tâche, et nous l'acceptons, sinon dans toute son étendue et dans toute son exigence, du moins en partie de manière à montrer, par un petit nombre d'exemples, de quelle manière une analyse doit être faite et un jugement doit être porté.

Sera-ce à dire, parce que nous signalerons des défauts dans des ouvrages classés depuis longtemps parmi les chefs-d'œuvre réputés, que ces ouvrages n'ont que peu de valeur, et que nous nous considérons comme plus habile que leurs auteurs?

Nullement, et voici pourquoi. Les qualités qui concourent à une œuvre d'art sont multiples : il y a le dessin, l'expression, le clair-obscur, la couleur, la touche, l'invention, l'originalité du sentiment, le style. Or, l'histoire de l'art démontre que plusieurs de ces qualités en excluent d'autres, et que, plus celles-là sont énergiques, ce qui arrive chez les hommes de génie, plus celles-ci sont faibles. C'est donc une des conditions de l'humanité artiste d'avoir de grands défauts lorsqu'on a de grandes qualités.

Or, dès qu'une œuvre a quelqu'une de ces grandes qualités à côté de quelques défauts, elle est digne d'attention, ou d'estime, ou d'admiration, selon la nature et la force du degré de mérite de l'artiste dans une des parties de l'art.

Attendu que nous allons prendre pour sujets de nos analyses critiques des œuvres d'anciens maîtres, nous devons ajouter à ce que nous venons de dire quelques observations dans le but de faire excuser ce que l'on pourrait taxer d'inconvenantes hardiesses. Certes, nous admirons le passé de l'art; il y a là tant d'expérience acquise, tant de bons exemples à consulter, que ce serait se mettre au rang des animaux que de ne savoir pas profiter des avantages que nous offre l'étude des œuvres des anciens maîtres. Il y en a d'immensément grands, et on n'aurait point l'âme d'un artiste si, en présence de leurs œuvres, on n'éprouvait cette émotion qu'Horace définissait en disant :

Adeò sanctum est vetus omne poema !

et à propos de laquelle un autre écrivain de l'antiquité disait : *Major de longinquo reverentia.*

Mais est-ce à dire que tout soit parfait chez les anciens ; que toutes leurs œuvres soient parfaites, et qu'elles constituent toutes des lois sacramentelles à suivre aveuglément? Nullement, et c'est ce que nous allons voir, en commençant par l'examen d'un célèbre paysage de Rembrandt : *Les trois arbres*, eau-forte dont nous donnons la copie en haut de la Planche XXX.

Ces trois arbres sont trop d'une même forme et placés à une distance trop égale les uns des autres, pour que la loi de variété soit satisfaite en ce qui les concerne. La hauteur du terrain qui supporte ces arbres, la dimension de leurs feuilles en hauteur, et la largeur de l'espace de ciel qui reste au-dessus, sont encore des dimensions égales. Ces arbres n'ont aucun rappel de forme dans une autre partie du sujet, et il y a par conséquent manque d'*analogie*. Les lignes droites qui ont l'intention de représenter une pluie d'orage forment, au coin supérieur de gauche, une forme triangulaire noire qui, comme forme, n'a pas également d'*analogie* avec aucune autre partie du tableau.

En dehors de l'inobservation de ces préceptes, on peut dire que l'horizon est trop bas, ce qui fait supposer que le spectateur est couché à plat ventre pour regarder la scène. Le contraste de noir et de blanc, qui est le grand moyen de Rembrandt, est exagéré, les arbres sont sans légèreté; mais cette eau-forte est signée d'un des plus grands noms de la peinture, et en regardant bien dans le second plan, on remarquera, dans l'original, des touches d'une finesse et d'un esprit qui suffisent pour justifier, au moins en partie, la réputation de l'œuvre. Toutefois, au point de vue de nos théories, et pour mieux faire comprendre nos observations, nous avons crayonné sur la même Planche le même sujet, modifié suivant ces théories, et le lecteur comparera.

Comme autre moyen de comparaison, nous avons reproduit, à droite de la Planche XXXVII, un paysage de Claude Lorrain qui offre dans ses dispositions de formes et dans son clair-obscur, beaucoup de rapports avec le sujet de Rembrandt; mais quelle différence de style! Toutefois, ainsi que cela a lieu dans les œuvres des artistes doués du maximum de certaines qualités, celles de Claude offrent des parties qui peuvent être considérées avec juste raison comme sujettes à la critique. Ainsi, l'on peut dire que sa manière d'éclairer ses paysages est toujours le résultat des mêmes moyens; qu'il lui arrive souvent de faire son sujet avec un groupe d'arbres formant coulisse à droite, et une ruine romaine dans le coin opposé, ce qui manque à la règle d'analogie. Il place, tantôt dans le second plan, tantôt presque dans la bordure, sur le premier plan, des objets, nommément des plantes et des fleurs, peintes soigneusement si l'on veut, mais qui n'ajoutent rien à l'effet général du tableau qui, sous le rapport de la lumière, est toujours admirable.

L'histoire des beaux-arts présente, comme celle des sociétés humaines, des révolutions, des modes, des partis, des passions, des guerres. On traite les plus grands hommes d'idiots, et on exalte de vraies médiocrités. Ainsi, vivant depuis ces dernières années sous l'empire du plus vulgaire naturisme, il n'a pu y avoir que moquerie pour ceux qui, par exemple, auraient fait figurer dans leurs paysages des temples grecs et des héros de l'antiquité. Tout l'honneur a dû être pour ceux qui prenaient pour sujet une chaumière, une mare, une haie, et peuplaient cela avec des ânes, des bœufs, des canards et quelques paysans en pantalon et en blouse. Alors, afin d'appuyer le goût par l'autorité de quelques anciens, on a rehaussé les Hobbéma, les Ewerdingen et surtout Ruysdaël, et voici à son sujet quelques lignes d'un de nos plus connus esthéticiens.

« Que fait donc cet amateur qu'on a vu tant de fois dans
» la galerie du Louvre, immobile et accoudé sur la rampe
» de fer devant le *Buisson* de Ruysdaël ? Vous pensez qu'il
» étudie les secrets et les procédés du peintre, qu'il se demande
» comment ont été fondues ses harmonieuses et vigoureuses
» couleurs; au contraire, il est tout entier à l'émotion que lui
» cause cette vue de la campagne attristée par un ciel ora-
» geux; il repasse dans sa mémoire les impressions à demi-
» effacées de sa jeunesse, et il se transporte en imagination à
» certaines heures du passé, à ces heures qui marquent les
» âges de la vie et dont le souvenir est souvent confus, bien
» qu'elles aient laissé dans le cœur une trace si profonde; il
» croit se retrouver dans les champs, comme il y avait autre-
» fois promené ses rêveries, par un ciel sombre semblable à
» celui du tableau..... Ruysdaël est le peintre des élégies de la
» nature et le poète des âmes éprouvées par la douleur; il cher-
» che les solitudes mystérieuses; il erre au milieu des tom-
» bes abandonnées; il marche mélancolique au bord des tor-
» rents dont la chute bruyante berce la souffrance humaine. »

Voilà ce qu'on appelle juger des œuvres de l'art avec son cœur, voir ce que tout le monde ne voit pas, ce à quoi l'auteur même n'a pensé. A notre tour, nous allons dire ce que nous avons trouvé dans les paysages de Ruysdaël. Après nous être souvent arrêté en leur présence, dans les galeries du Louvre, dans celles de Dresde et ailleurs, nous avons pensé que ce devait être, comme homme, une nature douce, patiente, appliquée. Sa couleur est terne, ses arbres sont le plus souvent de forme mesquine; il reproduit aussi plusieurs fois le même tronc d'arbre mort; ses ciels se répètent; il fait par mégarde des horizons curvilignes ou obliques; il manque de verve dans l'exécution, et s'il y a des œuvres qui paraissent avoir été froidement arrangées, exécutées dans l'atelier loin de la nature, ce sont les siennes. Enfin, il compose mal, témoin, surtout sous ce dernier rapport, la cascade que nous reproduisons sur notre Planche XXXVI, où il est facile de remarquer un grand nombre de répétitions de formes et de distances; dans les nuages, dans les arbres, dans les rochers et dans les eaux, il y a dans cette peinture un manque total de simplicité de conception. On verra à côté un sujet choisi et copié dans la nature, choisi parce qu'il nous a paru répondre aux conditions de l'art.

Arrivé où nous en sommes de nos études, nous voyons tout épuisés le temps et l'espace qui nous étaient limités, alors que nous aurions voulu et dû continuer l'analyse, au point de vue de notre doctrine, de tant d'œuvres d'art intéressantes sous bien des rapports. Quel exercice attrayant pour l'esprit et pour la main de mettre sous les yeux du lecteur des reproductions d'œuvres de maîtres dont nous avons à peine dit le nom, d'œuvres où, à côté de quelques défauts se trouvent de si grandes qualités à signaler! Ce ne serait sans doute pas très amusant de prendre à partie quelques-unes de ces innombrables images qu'on voit paraître journellement dans des publications illustrées, et dont un trop grand nombre attestent un manque total de science chez leurs auteurs. La correction des défauts de ces images serait certainement une des meilleures leçons pratiques; mais à cet égard le courage et la capacité désirables nous manquent tout autant que l'espace et le temps.

Dans le regret que nous en éprouvons, nous pensons que le court spécimen d'analyse qui a été l'objet de ce dernier chapitre pourrait être pris pour guide dans l'examen que le lecteur pourra faire partout ailleurs que sur les Planches que notre crayon traçait, lorsque notre plume écrivait. Il est sans doute bien de juger des œuvres d'art par sentiment, avec son cœur; mais en juger avec un peu de science, c'est encore mieux. Si nos études ont procuré ce peu de science, notre but est atteint. Nous disons ce *peu* de science, parce que la vie est trop courte pour en acquérir beaucoup, et que l'art est long:

Vita brevis, ars longa.

En réservant sa valeur à l'adage allemand:

Das Lernen hat kein Ende.

FIN.

Pl. XXXV.

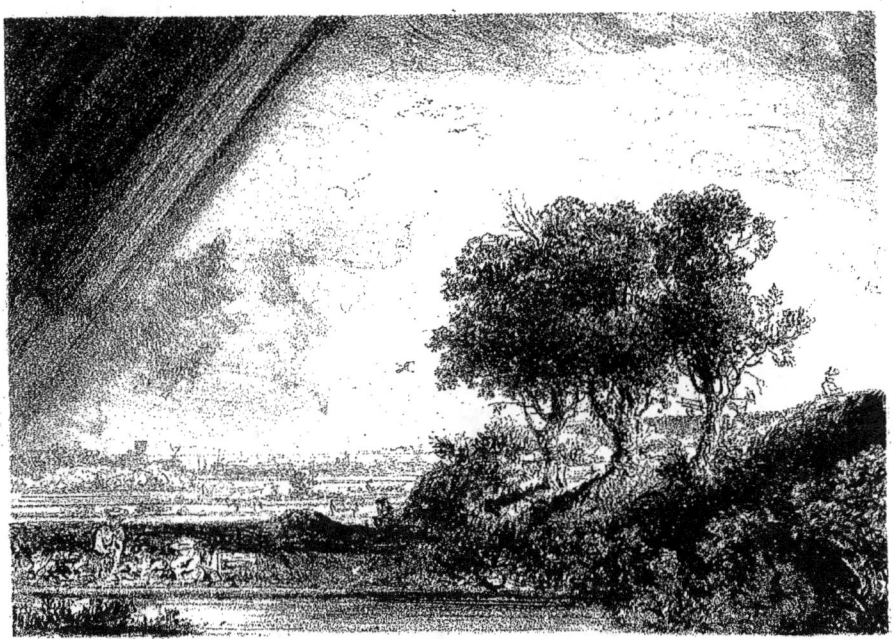

Rembrandt.

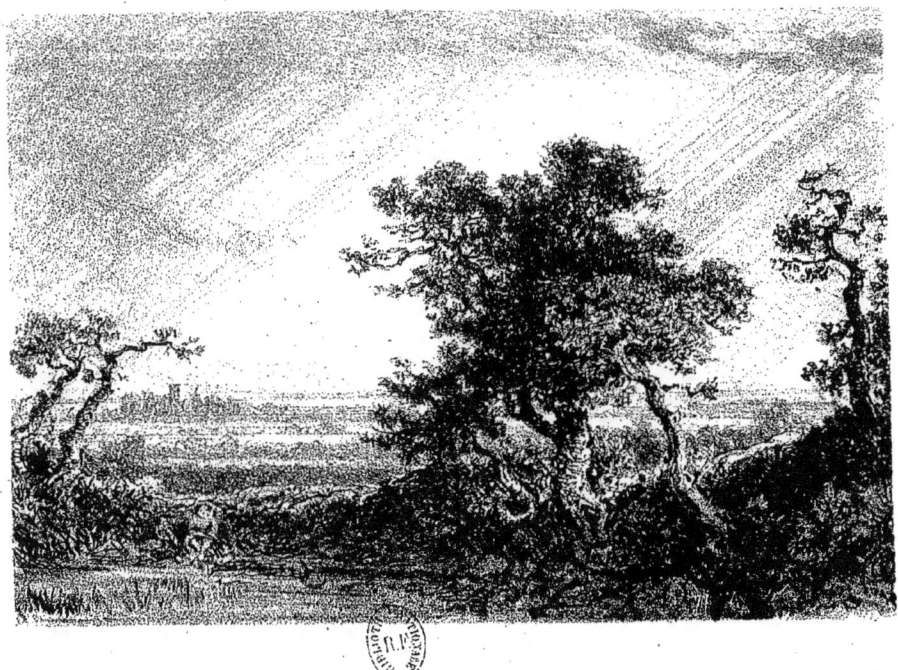

Lith. Boehm & fils, Montp.

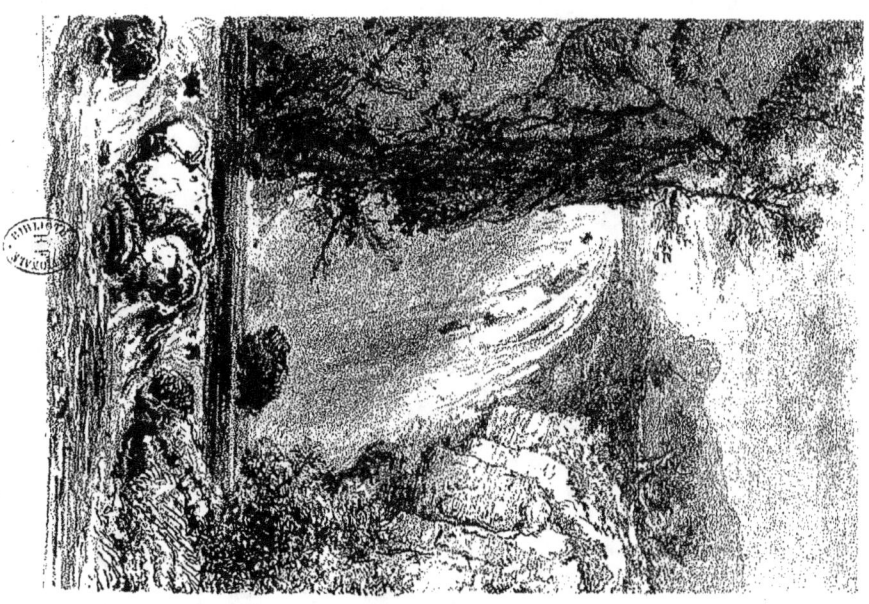

J. Ruysdael.

Pl. XXVI.

Pl. XXXVII.

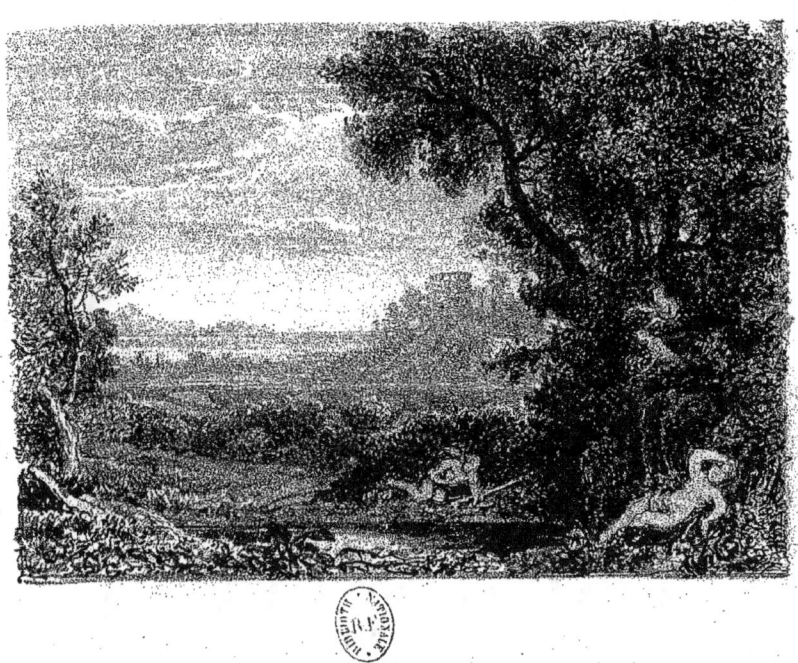

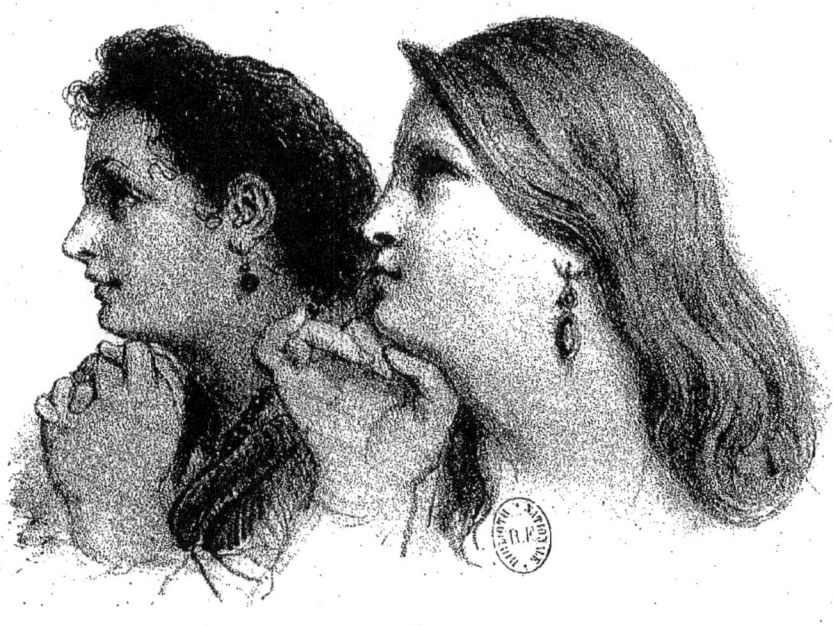

Lith. Boehm & fils. Montp.

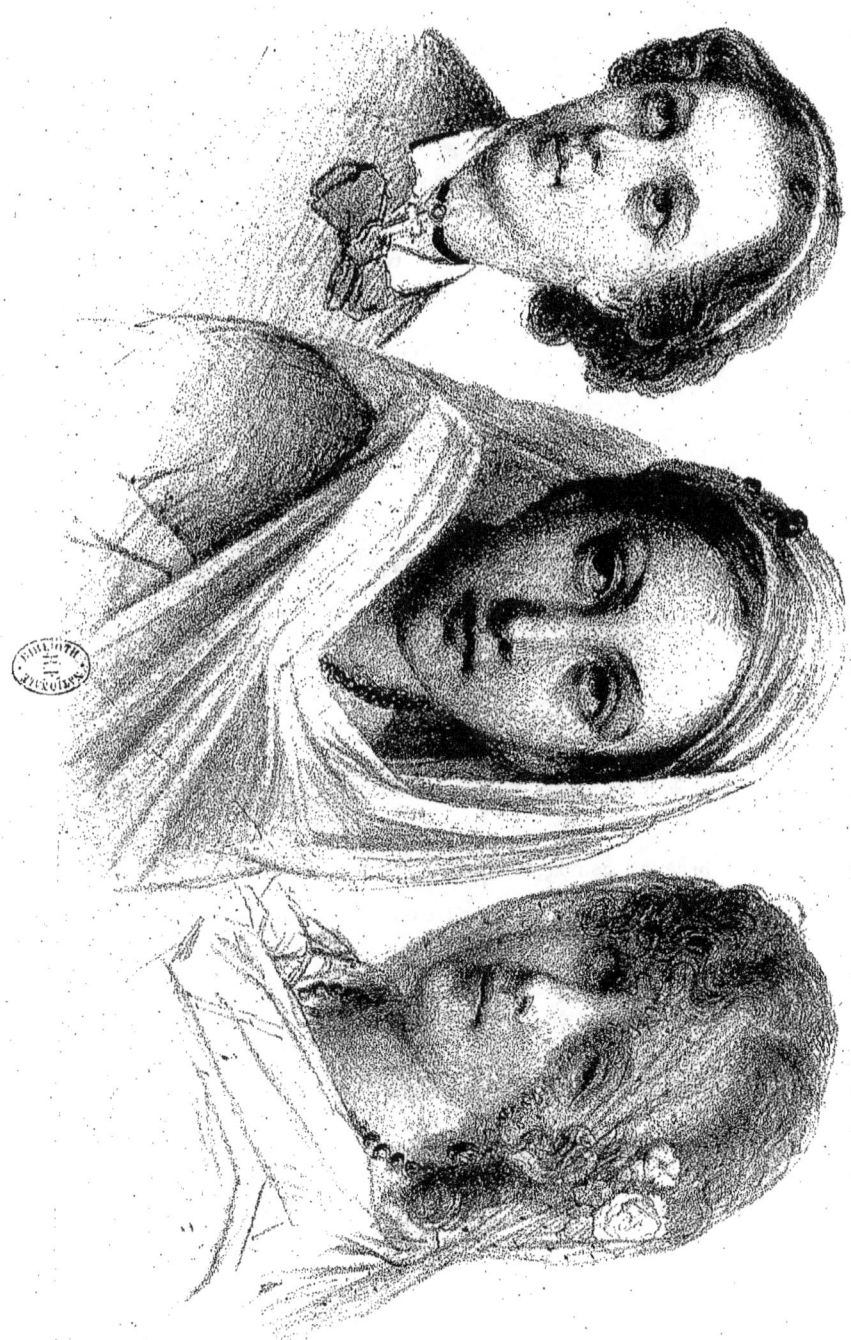

Pl. XXXVIII.

OUVRAGES DU MÊME AUTEUR

SOUVENIRS
D'UN
VOYAGE D'ART A L'ILE DE MAJORQUE

Un volume grand in-8° avec 55 planches lithographiées par l'Auteur.
Paris. — Arthus Bertrand, 1840.

INSTRUCTION
SUR
LE PROCÉDÉ DE PEINTURE APPELÉ AQUARELLE

Paris. — Deforge, 1858.

ALBUM DES DAMES

La Poésie, la Musique et la Peinture, comparées comme moyens d'expression

Un vol. in-fol. contenant 25 têtes de femmes chromolithographiées
chacune accompagnée d'une pièce de vers et d'une ou deux pages de musique

Paris. — Hetzel, 1864.

Montpellier et Cette. — Typogr. de BOEHM et Fi

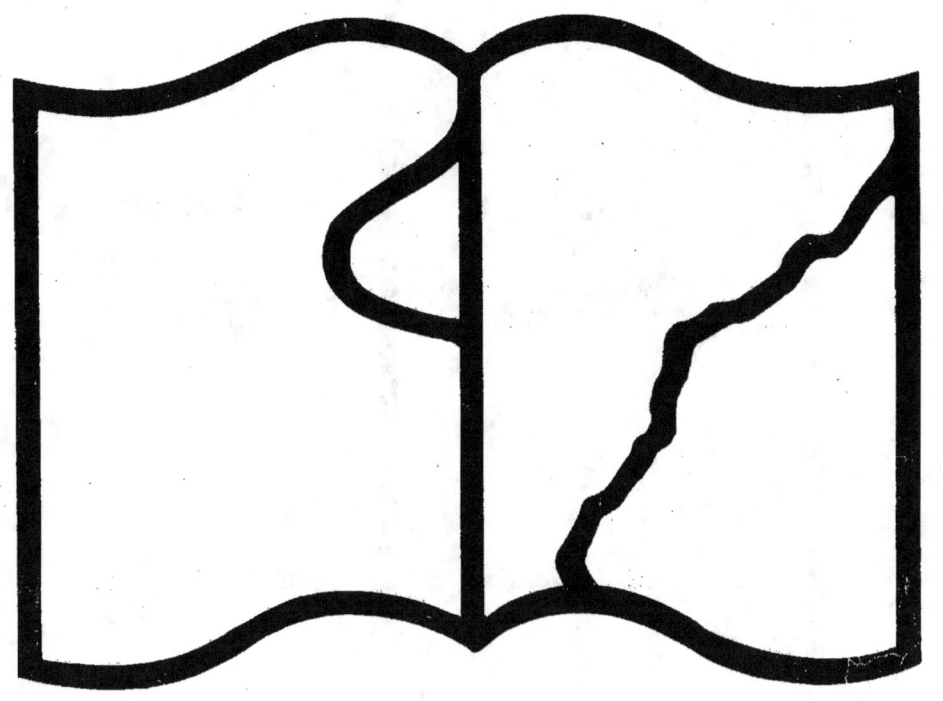

Texte détérioré — reliure défectueuse

NF Z 43-120-11

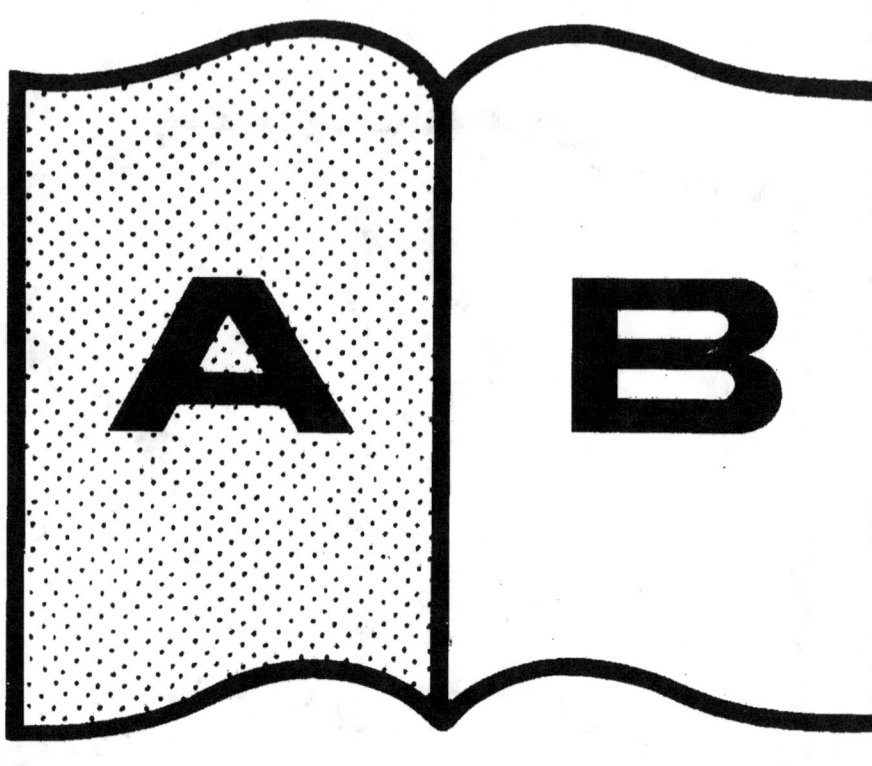

Contraste insuffisant

NF Z 43-120-14

www.ingramcontent.com/pod-product-compliance
Lightning Source LLC
Chambersburg PA
CBHW052253220526